MANUAL DEL

BARMAN

LUIS MACIAS M.

editores mexicanos unidos, s.a.

MANUAL DEL
BARMAN

LUIS MACIAS M.

 editores mexicanos unidos, s.a.

© Editores Mexicanos Unidos, S. A.
Luis González Obregón 5-B Col. Centro
Delegación Cuauhtémoc
C.P. 06020 Tels: 55-21-88-70 al 74
Fax:55-12-85-16
editmusa@mail.internet.com.mx
www.editmusa.com.mx

Miembro de la Cámara Nacional
de la Industria Editorial, Reg. No. 115

ISBN 968-15-1183-2

1a. edición, noviembre 2000

Impreso en México
Printed in Mexico

Introducción

*L*os motivos para ofrecer un coctel a los amigos o familiares son tan numerosos como los días del año, siempre hay una justificación para degustar una buena copa.

Si usted quiere ofrecer un excelente coctel a sus amistades, debe conocer y tener en cuenta una serie de detalles.

En la preparación de un coctel, además del buen gusto es primordial la dosificación de los ingredientes, ya que un coctel con demasiados componentes o demasiado alcohol, puede ser perjudicial.

En las siguientes páginas hallará información precisa para que su reunión sea perfecta.

Aprenderá qué tipo de bebidas y en que cantidad debe de poseer en su bar.

Así mismo le indicaremos los utensilios que debe utilizar en el momento preciso.

Conocerá todo tipo de mezclas, con o sin alcohol, para que pueda complacer a sus invitados.

También indicaremos la temperatura ideal de cada una de las bebidas, y como complemento le damos una serie de recetas de botanas para acompañar sus cocteles.

No queda nada más que recomendarles éxito en su reunión.

COPAS Y VASOS

copas para
champaña

copa para vino tinto de
Burdeos

copa para vino tinto de
Borgoña

copa para
Oporto

copa para
coñac

copa para licor

vaso para
whisky

vaso para jaibol

tarro para
cerveza

licorera

copa para vino
blanco

copa para vino
de Alsacia

copa para agua

copa para
coctel

Equivalencia de medidas

A continuación proporcionamos una tabla de equivalencias para que sus combinados sean lo más exactos posible.

CONVERSION DE MEDIDAS

1 vaso de licor	20 c.c.
1 onza	25 c.c.
1 pony	25 c.c.
1 vaso de coctel	50 c.c.
1 jigger	40 c.c.
1 cucharadita	5 c.c.
1 cucharada	15 c.c.
1 dash (golpe)	1 gota
1 chorro	10 c.c.
1 galón	128 onzas
1 cuarto	32 onzas
1 pinta	16 onzas
1 litro	20 cocteles
	o 25 whiskyes
	o 40 vasos de licor

Para evitar la penosa situación de quedarse sin bebida a mitad de la reunión, en seguida le indicaremos cómo calcular sus tragos, en relación a sus invitados.

COMO CALCULAR TRAGOS

Invitados	botellas (750 ml)	tragos
4	2	12 a 16
6 a 8	4	24 a 32
12	6	36 a 48
20	10	60 a 80

Estas son aproximaciones, aunque lo más seguro es que no tenga problema si se guía por ellas. De todas formas más vale que sobre.

El bar completo

P *ara que usted pueda preparar sin ningún contratiempo*
sus bebidas a continuación enumeramos algunos utensi-
lios que no deben faltar en su bar:

1 abridor de botellas	pinzas para hielo
1 saca corchos	1 batidora
1 abrelatas	1 cuchillo para fruta
1 exprimidor de jugos	removedores
1 exprime-limones	1 medida (jigger)
1 cucharilla de mango largo	1 tablilla para cortar frutas
1 embudo pequeño	popotes
1 jarra mezcladora	posavasos
1 filtro o colador	servilletas de papel
de alambre	1 coctelera

Ahora que ya tenemos el bar equipado vamos a ver qué
bebidas son imprescindibles:

1 botella de whisky	1 botella de campari

1 botella de vodka

1 botella de ginebra

1 botella de coñac

2 botellas de ron

1 botella de tequila

1 botella de jerez

1 botella de pepper-mint

1 botella de licor de lima

1 botella de granadina

1 botella de vermouth

1 botella de angostura

1 botella de vino tinto

4 botellas de licores dulces
(de café, almendras, naranjas y anís).

Ya tiene usted el bar básico, ahora le daremos una serie de consejos para obtener éxito:

☞ No escatime la calidad de sus bebidas, ésta resultará básicas en su coctel.

☞ Sea preciso en las medidas, no calcule a ojo.

☞ Las frutas deben ser frescas y los zumos recién exprimidos.

☞ Sirva los cítricos antes que el resto de los productos.

☞ El último ingrediente será el licor.

☞ El hielo debe ser recién congelado, y a ser posible de agua mineral para evitar el sabor a cloro u otras sustancias.

☞ Congele las copas y vasos.

☞ Prepare las bebidas en el momento de servirlas, nunca con antelación.

☞ Sirva las copas o vasos sólo en sus dos terceras partes.

☞ En las bebidas que lleven limón raspe una cáscara de éste sobre el borde de la copa o vaso, de esta manera su bebida adquirirá un sabor más intenso.

☞ Pruebe la bebida antes de servirla, sé evitará sorpresas desagradables.

Cocteles

COCTELES DE GINEBRA

*L*a ginebra es una bebida elaborada con las bayas del enebro y con cereales, su origen es holandés, aunque después pasó a Inglaterra y se convirtió en una bebida típica de este país.

La ginebra es muy apropiada para mezclarla con diferentes bebidas, aunque en su país de origen, Holanda, se toma sola en un vaso bien frío.

He aquí algunos combinados de ginebra.

MARTINI SECO
(2 personas)

Ingredientes: 25 c.c. de vermouth seco, 125 c.c. de ginebra, 4 cubitos de hielo y 22 aceitunas para adornar.

ELABORACION: Ponga en un vaso mezclador el hielo, añada la ginebra y el vermouth, remueva y sirva, colando en copas de vermouth bien frías. Adorne con aceitunas, verdes y con hueso, ensartadas con un palillo.

GIN TONIC
(2 personas)

Ingredientes: 160 c.c. de ginebra, agua tónica, 6 cubitos de hielo y 2 rodajitas de limón.

ELABORACION: Coloque los cubitos de hielo en vasos altos, a los que habrá frotado los bordes con cáscaras de limón, añada la ginebra, complete con agua tónica y mezcle golpeando el fondo del vaso dos veces con la cucharilla mezclador adorne con rajitas de limón.

TOM COLLINS
(2 personas)

Ingredientes: 160 c.c. de ginebra, el zumo de 2 limones, 2 cucharaditas de azúcar en polvo, 4 cubitos de hielo, agua tónica y 2 rodajas de limón.

ELABORACION: Ponga en la coctelera los ingredientes, menos los hielos. Coloque los cubitos en vasos altos, y vierta sobre ellos la mezcla previamente colada. Complete con agua tónica e inserte una rodajita de limón en el borde del vaso.

GIN FIZZ
(2 personas)

Ingredientes: 50 c.c. de ginebra, 12 c.c. de zumo de limón, 25 c.c. de jarabe natural, agua mineral, 4 cubitos de hielo, 2 cerezas y 2 rodajas de naranja.

ELABORACION: Mezcle los ingredientes, menos las cerezas y naranjas, en la batidora y sirva en copas de boca ancha.
Adorne con las cerezas y las rodajitas de naranja.

CHICAGO
(2 personas)

Ingredientes: 25 c.c. de ginebra, 25 c.c. de vermouth rojo, 2 cucharaditas de zumo de limón y azúcar para escarchar y hielo picado.

ELABORACION: Escarche con limón y azúcar el borde de 2 copas para coctel. Ponga 2 cucharadas de hielo picado y añada la ginebra y el vermouth junto con el zumo de limón.

SAN FRANCISCO

(2 personas)

Ingredientes: 20 c.c. de ginebra, 20 c.c. de vermouth blanco, 1 cucharadita de granadina, 1/2 taza de zumo de naranja y unas gotas de anís.

ELABORACION: Vierta los ingredientes en una coctelera y agite con energía. Sirva en copa de vino adornada con una rodajita de naranja.

GIN CLUB

(2 personas)

Ingredientes: 75 c.c. de ginebra, 1 c.c. de vermouth, 4 cubitos de hielo y 2 aceitunas.

ELABORACION: Mezcle en un vaso mezclador la ginebra, el vermouth y el hielo. Cuele y sirva en vaso de coctel helado, añada la aceituna.

PANTERA ROSA

(2 personas)

Ingredientes: 80 c.c. de ginebra, 1 1/2 cucharadas de crema de leche y 1 1/2 cucharadas de granadina.

ELABORACION: Mezcle en la coctelera y sirva en copas de coctel bien frías; si lo desea la ginebra y la crema pueden estar a sí mismas frías.

CLARIDGE

(2 personas)

Ingredientes: 30 c.c. de ginebra, 30 c.c. de vermouth, 20 c.c. de coñac y 20 c.c. de cointreau.

ELABORACION: En vaso mezclador combine todos los ingredientes. Sirva en copa baja, helada, con una cereza.

BLOODY PICK

(2 personas)

Ingredientes: 50 c.c. de ginebra, 100 c.c. de salsa de tomate, 100 c.c. de zumo de limón y unas gotas de salsa de Worcestershire.

ELABORACION: Mezcle los ingredientes en la batidora durante 15 segundos. Sirva en copa con hielo triturado

DUBLIN

(2 personas)

Ingredientes: 100 c.c. de ginebra, 50 c.c. de licor de melón y hielo frappé.

ELABORACION: Mezcle bien en la batidora y sirva en vasos de coctel bien helados.

ORSINI

(2 personas)

Ingredientes: 8 cucharadas de ginebra, 2 cucharadas de campari, 2 chorritos de angostura, 1 naranja exprimida, 1/2 botella de agua tónica y 4 cubitos de hielo.

ELABORACION: En vaso mezclador combine los primeros cuatro ingredientes, en vasos altos coloque el hielo y vierta la mezcla, complete con agua tónica.

CASINO

(2 personas)

Ingredientes: 80 c.c. de ginebra, 40 c.c. de cointreau, 20 c.c. de zumo de limón, 2 gotas de angostura y 2 cerezas.

ELABORACION: Coloque en una coctelera y agite bien. Servir en vasos de coctel y decorar con las cerezas.

GIBSON

(2 personas)

Ingredientes: 100 c.c. de ginebra, 25 c.c. de vermouth seco y 2 cebollitas de coctel.

ELABORACION: Mezcle en una coctelera el vermouth y la ginebra, cuele en copa de coctel congelada y añada la cebollita de coctel. Decore con rodajita de limón.

GIN AND ANION

(2 personas)

Ingredientes: 18 cucharaditas de ginebra, 2 cucharaditas de jugo de cebolla, 2 cucharaditas de cebollitas y 2 cucharaditas de soda.

ELABORACION: En una coctelera se mezclan todos los ingredientes y se sirve en copa de coctel bien fría, añadiendo las cebollitas.

ESCARCHADO

(2 personas)

Ingredientes: 40 c.c. de ginebra, 40 c.c. de triple seco, 20 c.c. de ron, 4 cucharadas de granadina y 4 cucharadas de zumo de limón.

ELABORACION: Agite con energía en coctelera todos los ingredientes. Sirva en copa de champaña con el borde escarchado.

LUNA AZUL

(2 personas)

Ingredientes: 45 c.c. de ginebra, 15 c.c. de vermouth, 15 c.c. de curaçao azul, 15 c.c. de crema de plátano y 4 cubitos de hielo.

ELABORACION: Mezcle todos los ingredientes en la batidora; en unas copas de coctel bien frías cuele la mezcla y sirva sin hielo.

K. O.

(2 personas)

Ingredientes: 25 c.c. de ginebra, 25 c.c. de vermouth y 3 cucharadas de hielo granizado.

ELABORACION: Coloque los ingredientes en la coctelera y agite con energía, sirva en copa de coctel.

COCTELES DE RON

*E*l ron es el resultado de la destilación del jugo de la caña de azúcar, mezclado con melaza fermentada, la calidad del ron se determina por los diferentes procesos de destilación, la coloración y el tiempo de añejamiento en barriles de encino.

El ron es un aguardiente muy fácil de combinar, así mismo es usad￼ en gastronomía para el flameado de platillos. A continuación enlistamos algunos cocteles de este producto.

CUBA LIBRE

(2 personas)

Ingredientes: *160 c.c. de ron, 15 c.c. de zumo de limón, 2 cascaritas de limón, refresco de cola y 6 cubitos de hielo.*

ELABORACION: En vasos altos coloque los cubitos, vierta el zumo de limón y añada el ron, complete con refresco de cola; agregue las cáscaras después de frotar con ellas el borde del vaso.

PIÑA COLADA

(2 personas)

Ingredientes: *120 c.c. de ron, 120 c.c. de leche de coco, 160 c.c. de zumo de piña y popotes.*

ELABORACION: Mezcle en la batidora la leche, el ron y el zumo de piña; cuélelo y sirva en vasos altos o en un coco partido por la mitad. Sirva con popote.

CARIBE

(2 personas)

Ingredientes: 50 c.c. de ron, 30 c.c. de zumo de piña y 20 c.c. de zumo de limón.

ELABORACION: En una coctelera coloque todos los ingredientes, agite con energía y sirva en copa baja bien fría.

PARADISE

(2 personas)

Ingredientes: 80 c.c. de ron y 30 c.c. de brandy.

ELABORACION: Agite todos los ingredientes en la coctelera y sirva en vaso bajo, adorne con un gajo de naranja.

CRISTIANO

(2 personas)

Ingredientes: 6 cucharadas de ron, 4 cucharadas de Tío Pepe, 2 cucharadas de Galiano, 8 cucharadas de zumo de piña, 1/2 botella de soda y hielo.

ELABORACION: Coloque los licores en un vaso mezclador. Añada los hielos, mezcle y complete con la soda. Decore con una rodaja de pepino, otra de naranja y una ciruela al licor.

DOCTOR FUNK'S

(2 personas)

Ingredientes: 100 c.c. de ron de jamaica, 25 c.c. de ron blanco, 1 lima, unas gotas de granadina, unas gotas de almíbar y 100 c.c. de soda.

ELABORACION: Exprima la lima en la coctelera y troce la cáscara. Añada el resto de los ingredientes y agite con energía. Sirva en vaso alto y frío. Decore con la cáscara.

JAMOCHA CALIENTE

(2 personas)

Ingredientes: 75 c.c. de ron, 1 cucharadita de azúcar, canela, café caliente y crema batida.

ELABORACION: En un vaso de whisky ponga el ron, azúcar y canela. Complete con café hirviente y cubra con crema.

17

RON MARAMA

(2 personas)

Ingredientes: 80 c.c. de ron negro y zumo de maracuya.

ELABORACION: En vasos altos, colocar hielos y el ron. Completar con el zumo de maracuya, remover y servir.

JOSEFINA

(2 personas)

Ingredientes: 80 c.c. de ron blanco, 40 c.c. de vermouth Napoleón y Bitter lemon.

ELABORACION: En vasos altos verter el ron y vermouth sobre hielos y una rodaja de pomelo. Remover una sola vez y completar con el Bitter lemon.

PRESIDENTE

(2 personas)

Ingredientes: 80 c.c. de ron negro, 160 c.c. de caldo de carne y limón.

ELABORACION: Mezclar el ron con el caldo claro y sin grasa. Remover bien y servir en vaso alto con hielo picado y decorado con una rodaja de limón.

TROPICAL

(2 personas)

Ingredientes: 60 c.c. de ron de jamaica, sangrita y cubitos de hielo.

ELABORACION: Poner en vasos altos hielo y trocitos de piña. Añadir el ron. Remover y completar con sangrita.

CONQUISTADORES

(2 personas)

Ingredientes: 100 c.c. de ron blanco, 60 c.c. de zumo de naranja, 2 cerezas y Bitter lemon.

ELABORACION: En vaso alto colocar hielo. Añadir el ron y el zumo y completar con el Bitter. Remover y servir.

Los mejores cocteles

JOE'S
(2 personas)

Ingredientes: *80 c.c. de ron, 40 c.c. de campari y zumo de naranja.*

ELABORACION: Mezclar el ron y el campari. Añadir el hielo y completar con el zumo de naranja. Servir en vaso alto.

JAMAICA
(2 personas)

Ingredientes: *80 c.c. de ron y zumo de naranja.*

ELABORACION: En vasos altos con hielo verter el ron, añadir zumo de naranja y remover bien.

CAMALEON
(2 personas)

Ingredientes: *60 c.c. de ron blanco, 60 c.c. de curaçao azul, 4 cubitos de hielo y zumo de naranja.*

ELABORACION: En un vaso alto se ponen el curaçao y el ron. Remover con fuerza, la bebida azul se vuelve amarilla. Completar con zumo de naranja: la bebida se vuelve verde.

PANAMERICANA
(2 personas)

Ingredientes: *80 c.c. de ron, 40 c.c. de Bananavit y 20 c.c. de whisky.*

ELABORACION: Mezcle bien en coctelera, con hielo. Sirva en vaso alto y complete con zumo de limón. Decore con unas cerezas y unas rodajas de plátano ensartadas en un palillo.

ALOHA
(2 personas)

Ingredientes: *50 c.c. de ron, 25 c.c. de licor de Midori, 25 c.c. de licor de lima, 25 c.c. de vermouth seco y 2 cubitos de papaya.*

ELABORACION: Mezcle los licores en la coctelera y cuele la bebida en un vaso con hielo. Coloque la papaya ensartada en un palillo, sobre el borde del vaso.

PAPITO

(2 personas)

Ingredientes: *6 cucharadas de ron, 4 cucharadas de campari, 2 cucharadas de crema de plátano, 2/3 de botella de Dry Pompelo Schewepps, 1 rodaja de piña, 1 ciruela al licor y hielo.*

ELABORACION: Coloque los licores en vasos altos. Añada el zumo de un limón colado y mezcle, complete con el Dry y decore con la piña y la ciruela.

DAIKIRI

(2 personas)

Ingredientes: *120 c.c. de ron, 10 c.c. de zumo de toronja, 5 c.c. de triple seco, jugo de limón y hielo triturado.*

ELABORACION: Mezcle en la batidora todos los ingredientes y sírvalo en una copa que previamente habrá congelado.

KIMBA

(2 personas)

Ingredientes: *80 c.c. de ron, 10 c.c. de zumo de limón, 5 c.c. de azúcar fina, 10 c.c. de jarabe de fresa, algunas gotas de angostura y 4 cubitos de hielo.*

ELABORACION: Mezcle todos los ingredientes en la coctelera y agite con energía. Cuele y sirva en vasos de coctel.

CANARIO FELIZ
(2 personas)

Ingredientes: 40 c.c. de ron, 80 c.c. de licor de plátano, 60 c.c. de zumo de limón, 80 c.c. de zumo de naranja y hielo.

ELABORACION: Bata todos los ingredientes durante 15 segundos, sirva en copa de coctel adornada con una cáscara de naranja.

PAPILLON
(2 personas)

Ingredientes: 40 c.c. de ron, 20 c.c. de brandy, 5 c.c. de zumo de limón, 5 c.c. de zumo de naranja y 2 c.c. de granadina.

ELABORACION: Mezcle en la coctelera con hielo, y cuele en vasos de coctel.

PUNCH
(2 personas)

Ingredientes: 40 c.c. de ron, 40 c.c. de zumo de limón, 40 c.c. de jarabe de granadina, 160 c.c. de zumo de naranja, 160 c.c. de zumo de piña, hielo, rebanadas de naranja y, limón y 2 ramitas de menta.

ELABORACION: Coloque el hielo en vasos altos; vierta los ingredientes (el ron en último lugar) y mézclelos con un removedor. Adorne con la rama de menta y las rodajitas.

VAGABUNDO DEL MAR
(2 personas)

Ingredientes: 80 c.c. de ron, 40 c.c. de cointreau, el jugo de medio limón y 2 gotas de licor de cereza.

ELABORACION: Mezcle todos los ingredientes con hielo y sirva en copas de champaña.

COCTELES DE VODKA

*E*s una bebida de origen ruso y su elaboración es relativamente sencilla. Alcohol de varios cereales o de la patata y agua, todo esto filtrado a través de capas de carbón vegetal y después añejado en recipientes con diversas hierbas aromáticas. Es una bebida prácticamente inodora e insípida, por lo que puede combinar con cualquier bebida. A continuación recomendamos algunos cocteles de vodka.

RUSO NEGRO

(2 personas)

Ingredientes: 120 c.c. de vodka, 60 c.c. de crema de café y 6 cubitos de hielo.

ELABORACION: En un vaso bajo coloque los cubitos y vierta sobre ellos los licores, sirva a continuación.

IVAN EL TERRIBLE

(2 personas)

Ingredientes: 40 c.c. de vodka, 40 c.c. de chartreusse verde y cubitos de hielo.

ELABORACION: Coloque los cubitos en vaso ancho y vierta primero el chartreusse y luego el vodka. Sirva de inmediato.

ORLOV

(2 personas)

Ingredientes: 80 c.c. de vodka, 10 c.c. de zumo de limón, 4 cubitos de hielo y agua mineral.

ELABORACION: Coloque en vasos altos el hielo y vierta el vodka y el zumo de limón, complete con agua mineral.

23

TENTACION

(2 personas)

Ingredientes: 40 c.c. de vodka, 10 c.c. de licor de naranja, 1 c.c. de angostura, 15 c.c. de zumo de lima y 3 cubitos de hielo.

ELABORACION: Coloque los ingredientes en la coctelera y agite con energía. Sirva colado en copa de coctel, adorne con cáscara de lima.

GRAN DUQUESA

(2 personas)

Ingredientes: 80 c.c. de vodka, 40 c.c. de licor de lima y 2 cucharadas de hielo picado.

ELABORACION: Coloque el hielo en copas de coctel y vierta el vodka y el licor de lima. Sirva con agitador corto.

ORO DE MOSKU

(2 personas)

Ingredientes: 80 c.c. de vodka, 40 c.c. de vermouth blanco, 1 c.c. de angostura y hielo picado.

ELABORACION: Agite todos los ingredientes en la coctelera, cuele y sirva en copa baja de boca ancha.

PLAYBOY RUSO

(2 personas)

Ingredientes: 200 c.c. de vodka, 10 c.c. de pernod.

ELABORACION: En vasos altos con cubitos de hielo vierta el vodka y añada el pernod.

COSACO SOLITARIO

(2 personas)

Ingredientes: 160 c.c. de vodka y 1 cáscara de limón.

ELABORACION: En copas y al estilo ruso. Adorne con la cáscara de limón.

KALINKA

(2 personas)

Ingredientes: 80 c.c. de vodka, 80 c.c. de crema de cacao, 40 c.c. de zumo de limón y 5 c.c. de granadina.

ELABORACION: Agite todos los ingredientes en la coctelera y sirva en vasos de coctel previamente congelados.

DESTORNILLADOR

(2 personas)

Ingredientes: 80 c.c. de vodka, refresco de limón y cáscara de limón.

ELABORACION: En vasos altos con hielo vierta el vodka y complete con refresco de limón. Añada la corteza con la que habrá frotado los bordes de los vasos.

EROTICA

(2 personas)

Ingredientes: 40 c.c. de vodka, 40 c.c. de maracuya, 40 c.c. de zumo de piña, 4 gotas y angostura, 2 cerezas y trozos de piña.

ELABORACION: Coloque los ingredientes en la coctelera con hielo. Agitar con energía y servir en copas de champaña bien heladas.

CHOU CHOU DE MOSKU

(2 personas)

Ingredientes: 120 c.c. de vodka, 1 cucharadita de pernod, 1 cucharadita de azúcar, zumo de 1/2 limón, 2 pepinos, sal, pimienta y hielo.

ELABORACION: Mezclar bien en la coctelera y servir en los pepinos, a los que previamente se habrán vaciado, acompañando con sal y pimienta, por si luego quiere comerse los vasos.

PETRIFIER

(2 personas)

Ingredientes: 100 c.c. de vodka, 100 c.c. de coñac, 100 c.c. de ginebra, 100 c.c. de triple seco, 3 gotas de angostura y zumo de limón.

ELABORACION: Se prepara en vaso mezclador, todos

los ingredientes. Luego servir en vaso alto completando con ginger ale y se decora con una cereza, una rodaja de limón y otra de naranja.

SALTY DOG

(2 personas)

Ingredientes: 60 c.c. de vodka, zumo de pomelo, unos trocitos de hielo y sal.

ELABORACION: En unos vasos altos y anchos, con hielo verter el zumo de pomelo, y luego la vodka, añadir sal y remover bien.

TUNDRA

(2 personas)

Ingredientes: 60 c.c. de vodka, 40 c.c. de doubonet, 20 c.c. de cointreau y 2 gotas de angostura.

ELABORACION: Coloque los ingredientes en vaso mezclador y revuelva bien. Sirva en copa de coctel bien fría y decore con cáscara de limón.

SOVIETICO

(2 personas)

Ingredientes: 1 tarro de remolacha, 100 c.c. de vodka y pimienta.

ELABORACION: Hacer cubitos de remolacha helada en el congelador. Servir en un vaso el vodka muy frío y añadir el "hielo de remolacha". Aderezar con pimienta.

CORRECAMINOS

(2 personas)

Ingredientes: 60 c.c de vodka, 30 c.c. de amaretto, 30 c.c. de leche de coco y nuez moscada.

ELABORACION: Coloque los ingredientes en la coctelera y agite con energía. Sirva en copa de coctel y aderece con nuez moscada.

MONEDA DE PLATA

(2 personas)

Ingredientes: 80 c.c. de vodka, 80 c.c. de ron blanco, 2 cucharaditas de azúcar, 2 cucharadas de zumo de limón, 20 c.c. de leche y hielo picado.

ELABORACION: Ponga todos los ingredientes en una coctelera y agite con energía. Cuele y sirva en copa de coctel.

GABRIELA

(2 personas)

Ingredientes: 50 c.c. de chartreusse verde, 50 c.c. de vodka y 4 cubitos de hielo.

ELABORACION: En copas altas coloque los cubitos de hielo y vierta lentamente el chartreusse. Añada el vodka y sirva adornando con una rajita de limón.

PEQUES-PEQUES

(2 personas)

Ingredientes: 50 c.c. de vodka, 150 c.c. de zumo de piña, 25 c.c. de zumo de limón, 15 c.c. de licor galliano, hielo frappé y la cáscara de media naranja ahuecada.

ELABORACION: Coloque todos los ingredientes en la coctelera y agite con energía. Cuele y sirva en copa de coctel. Haga una perforación en el centro de la cáscara de naranja, colóquela como tapa en la copa e introduzca un popote en el agujero.

PERRO SALADO

(2 personas)

Ingredientes: 50 c.c. de vodka, 1 vaso de zumo de toronja, 1 gota de zumo de limón, sal y hielo.

ELABORACION: Escarche el borde de unos vasos altos con la sal. Coloque los hielos y vierta sobre ellos el vodka, zumo de limón y de toronja. Remueva suavemente y sirva.

27

VODKA GIMLET

(2 personas)

Ingredientes: 100 c.c. de vod-ka, 25 c.c. de zumo de lima.

ELABORACION: En una ja-rra mezcladora combine bien los ingredientes y sirva en co-pas de coctel, previamente con-geladas.

GAZEBO

(2 personas)

Ingredientes: 75 c.c. de vod-ka, 50 c.c. de licor de albari-coque, 150 c.c. de zumo de piña y 2 gotas de granadina.

ELABORACION: Coloque en una coctelera los ingredien-tes junto con hielo. Agite enérgicamente y sirva en copa de champaña previamente congelada.

VANNA

(2 personas)

Ingredientes: 200 c.c. de vod-ka, 50 c.c. de Parfait amour, 1 chorrito de lima, 4 cubitos de hielo, 1 botella de Bitter lemon y limón.

ELABORACION: Coloque el vodka y el Parfait amour en un vaso grande. Rocíe la mez-cla con la lima. Añada los cu-bitos de hielo y mezcle, ponga unas frutas al gusto y añada el Bitter.

COCTELES DE WHISKY

*E*l whisky es originario de Escocia, es el producto de la destilación de varios cereales, malta y agua, que luego del proceso inicial se deja añejar durante varios años en barriles de roble. El whisky de malta es el más aromático y tarda más tiempo en envejecer.

Se toma con hielo, o simplemente con agua natural.

MANHATTAN
(2 personas)

Ingredientes: 50 c.c. de vermouth, 100 c.c. de whisky, 3 c.c. de angostura y hielo picado.

ELABORACION: Coloque 4 cucharadas de hielo en la coctelera y agregue los licores, agite vigorosamente. Sirva en copa de coctel.

OLD FASHION
(2 personas)

Ingredientes: 75 c.c. de whisky, 3 c.c. de angostura, 1 cucharadita de azúcar, 2 rodajas de naranja, 2 cerezas y 6 cubitos de hielo.

ELABORACION: En un vaso alto mezcle el whisky con la angostura y el azúcar. Añada el hielo y complete con gaseosa. Adorne con la rodaja de naranja y la cereza.

TERREMOTO
(2 personas)

Ingredientes: 50 c.c. de whisky y 50 c.c. de vermouth blanco.

ELABORACION: Vierta los ingredientes en una copa de coctel, previamente congelada, remueva con una cucharita y sirva.

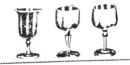

MISSISSIPI

(2 personas)

Ingredientes: *50 c.c. de whisky, 50 c.c. de coñac, 50 c.c. de ron, 4 gotas de zumo de limón, 2 cucharaditas de azúcar y 6 gotitas de angostura.*

ELABORACION: Revuelva bien en vaso mezclador con trocitos de hielo. Sirva en vaso de coctel con un popote y adorne con frutas.

IRISH ALMOND

(2 personas)

Ingredientes: *75 c.c. de whisky escocés, 4 cucharadas de jarabe de almendra, 25 c.c. de jugo de naranja, 25 c.c. de zumo de limón y pedacitos de almendra tostada.*

ELABORACION: Ponga el whisky, los zumos y el jarabe en una coctelera y agite bien. Cuele y sirva whisky en un vaso helado. Espolvoree con las almendras.

CALLE 42

(2 personas)

Ingredientes: *60 c.c. de whisky canadiense, 60 c.c. de zumo de naranja y 60 c.c. de zumo de limón.*

ELABORACION: Coloque todos los ingredientes en la coctelera. Agite enérgicamente y sirva, colando en vaso de whisky, previamente congelado.

LOS ANGELES

(2 personas)

Ingredientes: *80 c.c. de whisky, el zumo de limón, 4 cucharaditas de azúcar, 2 huevos y 8 gotas de vermouth.*

ELABORACION: Coloque todos los ingredientes en la coctelera. Agite bien, cuele y sirva en vaso alto.

CASA BLANCA

(2 personas)

Ingredientes: 60 c.c. de whisky, 30 c.c. de licor de huevo, 10 c.c. de Galliano, 1 cucharadita de zumo de limón y 1 cucharadita de zumo de naranja.

ELABORACION: Ponga todos los ingredientes en la coctelera y agite con energía. Sirva en copa de coctel adornando con una rodaja de naranja.

KENTUCKY

(2 personas)

Ingredientes: 80 c.c. de whisky, 40 c.c. de apricot, 40 c.c. de zumo de albaricoque y 1 trozo de albaricoque seco.

ELABORACION: Agite todos los ingredientes en la coctelera. Sirva en copa de coctel añadiendo un trozo de albaricoque seco.

DANNY

(2 personas)

Ingredientes: 120 c.c. de whisky, 60 c.c. de cointreau,

3 cucharadas de zumo de limón y 1 rajita de naranja.

ELABORACION: En vaso mezclador con hielo agite bien los ingredientes. Sirva en vaso ancho decorado con una rodaja de naranja.

WILD IRELAND

(2 personas)

Ingredientes: 500 c.c. de whisky irlandés, 60 c.c. de zumo de limón y 2 gotas de granadina.

ELABORACION: Agite con energía en coctelera todos los ingredientes y sirva en vaso de coctel.

RUSTY NAIL

(2 personas)

Ingredientes: 50 c.c. de whisky y 25 c.c. de Drambuie.

ELABORACION: Coloque en vasos altos el whisky y el Drambuie y agite con una cucharita. Añada unos cubitos de hielo, vuelva a agitar y sirva.

31

MANHATTAN SWEET

(2 personas)

Ingredientes: 80 c.c. de whisky canadiense, 40 c.c. de vermouth rojo, unas gotas de triple seco y 2 cerezas.

ELABORACION: En un vaso mezclador agite bien los productos. Sirva en copas de coctel previamente congeladas. Adorne con las cerezas.

MANHATTAN TERREMOTO

(2 personas)

Ingredientes: 60 c.c. de Bourbon whisky y 60 c.c. de vermouth Punt e Mes.

ELABORACION: Remover en vaso mezclador con hielo y servir en copas de coctel bien frías.

JOKER

(2 personas)

Ingredientes: 60 c.c. de whisky, 10 c.c. de Dubonnet y 10 c.c. de Grand Marnier.

ELABORACION: Ponga en la coctelera todos los ingredientes con hielo. Agite bien y sirva en copa baja.

ROB-ROY

(2 personas)

Ingredientes: 80 c.c. de whisky, 40 c.c. de vermouth, 2 gotas de angostura, unas gotas de limón y 2 cerezas.

ELABORACION: Mezcle los ingredientes en el vaso mezclador y sirva en copa de coctel decorada con las cerezas.

OLD PEPPER

(2 personas)

Ingredientes: 80 c.c. de whisky, 4 gotas de angostura, 2 cucharaditas de zumo de tomate, 2 gotas de salsa de tabasco y 2 cucharaditas de salsa inglesa.

ELABORACION: Mezclar en la coctelera agitando bien. Servir en vaso de whisky.

T.N.T.

(2 personas)

Ingredientes: 40 c.c. de whisky y 40 c.c. de Pernod.

ELABORACION: Mezcle los ingredientes en coctelera. Sirva en vaso de whisky con hielo.

WALTERS

(2 personas)

Ingredientes: 60 c.c. de whisky, zumo de 1/2 naranja y zumo de 1/2 limón.

ELABORACION: Prepare en vaso mezclador y sirva en copa baja bien fría.

LORD SCOTCH

(2 personas)

Ingredientes: 75 c.c. de whisky, 10 gotas de angostura y 2 cucharaditas de azúcar fina.

ELABORACION: Ponga todos los ingredientes en una coctelera junto con hielo picado. Cuele y sirva en vaso de coctel previamente congelado.

DIABLO ROJO
(2 personas)

Ingredientes: *150 c.c. de whisky, 75 c.c. de jugo de almejas, 75 c.c. de zumo de tomate, unas gotitas de salsa worcestershire, pimienta y zumo de 1/2 limón.*

ELABORACION: Coloque todos los ingredientes en una coctelera y agite suavemente. Sirva en vaso alto con hielo.

DERBY
(2 personas)

Ingredientes: *50 c.c. de whisky, 4 cucharaditas de vermouth dulce, 4 cucharaditas de curaçao y 3 cucharadas de zumo de limón.*

ELABORACION: Agite bien todo en una coctelera y sirva en vaso de whisky con cubitos de hielo. Adorne con una hojita de menta.

ACUARIO
(2 personas)

Ingredientes: *75 c.c. de whisky, 75 c.c. de licor de cereza y 50 c.c. de zumo de arándalo.*

ELABORACION: Agite bien en una coctelera con hielo, cuele y sirva en vaso de whisky con hielo.

JERRY THOMAS
(2 personas)

Ingredientes: *150 c.c. de whisky escocés, 2 cucharadas de azúcar blanca y cáscara de limón.*

ELABORACION: Llenar un recipiente con whisky y otro con la misma cantidad de agua hirviente. Calentar el whisky, prenderle fuego y, mientras arde, mezclar ambos líquidos pasando el contenido de uno a otro recipiente 4 o 5 veces. Si se hace bien dará la impresión de una llamarada azul. Endulzar con el azúcar y servir en vaso alto con un trocito de cáscara de limón.

BOURBON CON JENGIBRE

(2 personas)

Ingredientes: 100 c.c. de Bourbon, 20 c.c. de jugo de naranja y jengibre.

ELABORACION: Poner a macerar en el whisky 3 rodajas finas de jengibre durante 10 minutos. En una coctelera, con hielo, mezclar el whisky con el zumo de naranja. Servir en vaso alto.

DINAH

(2 personas)

Ingredientes: 75 c.c. de whisky, 2 cucharadas de zumo de limón, 1 cucharadita de azúcar fina, 1 chorrito de menta y hielo.

ELABORACION: Agite vigorosamente en una coctelera todos los ingredientes, incluido el hielo y sirva en vaso de coctel previamente congelado.

CADILLAC BLANCO

(2 personas)

Ingredientes: 100 c.c. de whisky, 400 c.c. de leche y 1 cucharadita de azúcar.

ELABORACION: Agite bien en una coctelera. Sirva en vaso alto y rocie con polvo de nuez moscada.

WHISKY SOUR

(2 personas)

Ingredientes: 100 c.c. de whisky, 25 c.c. de zumo de limón, 25 c.c. de zumo de naranja, 1 y 1/2 cucharaditas de azúcar en polvo, 2 cerezas para adornar y 2 rodajitas de naranja.

ELABORACION: Prepare en coctelera agitando bien, cuele y sirva, en copa de coctel previamente congelada. Adorne con las cerezas.

COCTELES DE CHAMPAÑA

*L*a champaña es un vino espumoso originario de la región francesa del mismo nombre. El primer fabricante fue el monje Dom Perignon, que luego dio su nombre a una de las champañas más famosas.

CHARTREUSE CHAMPAÑA

(2 personas)

Ingredientes: 200 c.c. de champaña Brut, 1/2 cucharadita de coñac y 1/2 cucharadita de Chartreuse verde.

ELABORACION: Vierta el Chartreuse, el coñac y la champaña en una copa previamente congelada. Revuelva ligeramente. Adorne con una cáscara de limón.

CLASSIC

(2 personas)

Ingredientes: 200 c.c. de champaña Brut, 1 cucharadita de zumo de limón, 1/2 cucharadita de azúcar y 4 gotas de angostura.

ELABORACION: Revuelva el azúcar y las gotas de angostura en una copa ancha previamente congelada. Agregue champaña hasta llenarla. Adorne con una cascarita de limón y sirva sin revolver, los ingredientes deben quedar mezclados imperfectamente.

DE LUXE
(2 personas)

Ingredientes: 150 c.c. de champaña bien helada, 150 c.c. de coñac y 10 gotas de angostura.

ELABORACION: Revuelva en vaso mezclador y sirva en copa de champaña bien helada.

BUENOS DIAS AMOR
(2 personas)

Ingredientes: Champaña, bien fría y 2 cucharaditas de menta verde.

ELABORACION: En copas, previamente congeladas, vierta la menta. Termine de llenarlas con champaña y sirva.

GATITA
(2 personas)

Ingredientes: 200 c.c. de champaña, 15 c.c. de zumo de limón y 2 cubitos de hielo.

ELABORACION: Coloque el hielo en vasos altos. Añada el zumo de limón y luego la

champaña. Revuelva con suavidad antes de servir.

SARATOGA
(2 personas)

Ingredientes: 2 copas de champaña, 1 copa de jerez, 1 gota de coñac, 200 c.c. de zumo de piña y hielo.

ELABORACION: Coloque los ingredientes en la coctelera, agite bien y sirva en vaso alto con cubitos de hielo.

MICHELLE
(2 personas)

Ingredientes: 2 copas de champaña bien helada, 2 gotas de angostura, 4 gotas de curaçao.

ELABORACION: Vierta la champaña en copa estrecha, añada la angostura y el curaçao. Revuelva suavemente y sirva.

Los mejores cocteles

TERCIOPELO
(2 personas)

Ingredientes: 150 c.c. de champaña y 150 c.c. de cerveza negra.

ELABORACION: Revuelva en vaso mezclador y sirva en vaso ancho previamente congelado.

ALTA-VOZ
(2 personas)

Ingredientes: 200 c.c. de champaña fría, 25 c.c. de cointreau, 100 c.c. de sorbete de naranja y 20 c.c. de granadina.

ELABORACION: Vierta en un vaso de vino el sorbete y el cointreau. Añada la champaña y revuelva añadiendo después la granadina.

POLONESA
(2 personas)

Ingredientes: 200 c.c. de champaña fría, 50 c.c. de licor de moras y 25 c.c. de coñac.

ELABORACION: Vierta en un vaso alto previamente congelado el licor de moras y el coñac. Añada la champaña lentamente y revuelva con suavidad.

WAKAYAMA
(2 personas)

Ingredientes: Lichis, 4 fresas, 2 cerezas, 60 c.c. de kirisch y champaña bien fría.

ELABORACION: Poner en una copa de champaña algunos lichis las fresas y las cerezas. Añadir el kirisch helado y dejar macerar algunos minutos. Completar con champaña muy fría.

BELLINI
(2 personas)

Ingredientes: 1 botella de champaña, jarabe de azúcar y 3 melocotones frescos.

ELABORACION: Mezclar la botella de champaña con los melocotones hechos puré y endulzarlo con un poco de jarabe. Servir en copa de champaña.

KIR IMPERIAL

(2 personas)

Ingredientes: Champaña muy fría, unas gotas de crema de Cassis y unas gotas de zumo de frambuesa.

ELABORACION: Poner en unas copas de champaña unas gotas de crema de Cassis. Añada la frambuesa y sirva sin agitar.

CHAMPAÑA BUCK

(2 personas)

Ingredientes: 75 c.c. de champaña, 25 c.c. de ginebra, 15 c.c. de cherry y 1 cucharadita de zumo de naranja.

ELABORACION: Agite todos los ingredientes en una coctelera con unos cubitos de hielo. Cuele y sirva en vasos de coctel previamente congelados.

CHAMPAÑA DEL CARIBE

(2 personas)

Ingredientes: 200 c.c. de champaña Brut, 1 cucharada de ron blanco, 1 cucharada de licor de plátano, 1 gota de Bitter y 1 rodajita de plátano.

ELABORACION: Vierta el licor, el ron y el Bitter en una copa chica, previamente enfriada. Agregue la champaña hasta llenarla. Revuelva suavemente y sirva dejando caer la rodajita de plátano en la copa.

CHAMPAÑA CASSIS

(2 personas)

Ingredientes: 1 botella de champaña bien fría y crema Cassis.

ELABORACION: Vierta la champaña en copas previamente heladas y añada unas gotas de Cassis. Sirva sin revolver.

CHAMPAÑA ORANGE

(2 personas)

Ingredientes: *200 c.c. de champaña Brut, 4 cucharaditas de curaçao y 2 cáscaras de naranja cortadas en espiral.*

ELABORACION: Coloque la piel de naranja en una copa ancha. Añada el curaçao y complete con champaña. Revuelva con suavidad.

MONTECARLO IMPERIAL

(2 personas)

Ingredientes: *100 c.c. de ginebra, 25 c.c. de crema de menta, el zumo de 1/2 limón y champaña.*

ELABORACION: Coloque todos los ingredientes en la coctelera y viértalo todo en un vaso alto complete con champagne y revuelva.

CHAMPAÑITA

(2 personas)

Ingredientes: *Champaña, pisco, 12 gotas de angostura y 2 terrones de azúcar.*

ELABORACION: Sumerja los terrones de azúcar en el pisco, en un vaso previamente enfriado. Añada la angostura y complete con champaña.

CHAMPAÑA TAPATIA

(2 personas)

Ingredientes: *25 c.c. de tequila, 1 botella de champaña, 4 botellas de sauterne y 8 tazas de fruta fresca.*

ELABORACION: Coloque todos los ingredientes en una ponchera grande y caliente. Endulce a su gusto y déjelo enfriar. Añada hielo justo antes de servir en copas de coctel.

FRANCES

(2 personas)

Ingredientes: 75 c.c. de co-ñac, 25 c.c. de almíbar, 50 c.c. de limón y 100 c.c. de champaña.

ELABORACION: Mezcle en batidora todo menos la champaña. Póngalo en un vaso alto y complete con champaña.

BALIHAI

(2 personas)

Ingredientes: 50 c.c. de ginebra, 50 c.c. de ron, 50 c.c. de okoleao, 50 c.c. de zumo de limón y champaña.

ELABORACION: Agite bien en una coctelera todo menos la champaña. Cuele y sírvalo sobre el hielo bien picado, complete con champaña.

AMBROSIA

(2 personas)

Ingredientes: 50 c.c. de licor de manzana, 50 c.c. de coñac, 10 gotas de triple seco, zumo de un limón y champaña.

ELABORACION: Agite todos los ingredientes menos la champaña en la coctelera. Vierta e· vasos altos con hielo. Llene con champaña.

GRAN HOTEL

(2 personas)

Ingredientes: 25 c.c. de vino de Burdeos, 25 c.c. de contreau, 25 c.c. de coñac y 50 c.c. de champaña.

ELABORACION: Mezcle todo menos la champaña en una batidora junto con cubitos de hielo. Cuele y vierta en vaso de champaña previamente congelada. Complete con champaña.

CHAMPAÑA POLONES

(2 personas)

Ingredientes: Champaña y licor de cerezas.

ELABORACION: Mezcle los ingredientes en copas de champaña escarchadas con sal y previamente congeladas. Servir de inmediato.

CHAMPAÑA NOYAUX

(2 personas)

Ingredientes: 25 c.c. de crema noyaux, 2 cucharaditas de zumo de lima, 200 c.c. de champaña bien fría, 2 almendras tostadas y 2 rodajas de lima.

ELABORACION: Coloque la crema y el zumo de lima en copas de champaña previamente congeladas, añada la champaña y revuelva ligeramente. Deje caer la rodaja de naranja para que flote en la bebida.

PONCHE BOOM BOOM

(2 personas)

Ingredientes: 8 tazas de ron, 4 tazas de zumo de naranja, 1/5 de vermouth dulce y 1 botella de champaña.

ELABORACION: Coloque todos los ingredientes menos la champaña en una ponchera sobre unos hielos. Revuelva y añada la champaña bien fría. Decore con rodajitas de plátano.

CHAMPAÑA DE LONDRES

(2 personas)

Ingredientes: Champaña, 10 gotas de angostura y 2 cortezas de naranja.

ELABORACION: Coloque en copas de champaña las cortezas de naranja. Añada un terrón de azúcar y las gotas de angostura. Complete con champaña.

PONCHE DE CHAMPAÑA

(2 personas)

Ingredientes: 2 botellas de champaña, 1 botella de Sauterne y 4 tazas de piña Sherbet.

ELABORACION: Coloque la piña en la ponchera, añada el Sauterne y la champaña. Adorne con trocitos de piña.

43

CHAMPAÑA AMERICANA

(2 personas)

Ingredientes: 75 c.c. de ron, 15 c.c. de zumo de limón, champaña y azúcar.

ELABORACION: Ponga en una coctelera el ron, el limón y el azúcar junto con el hielo. Agite bien y cuele en vaso alto. Complete con champaña.

CUP DE MELON

Ingredientes: 3 botellas de vino blanco, 1 botella de champaña, 40 c.c. de cointreau y 1 melón.

ELABORACION: Trocear el melón en 4 partes, separar la pulpa de la cáscara y de las pepitas. Poner a macerar la pulpa en un recipiente cerrado con el cointreau y una botella de vino, durante 2 horas. La maceración deberá tener lugar en el frigorífico. Antes de servir añada el resto del vino y la champaña.

BUCKS FIZZ

(2 personas)

Ingredientes: 50 c.c. de zumo de naranja, champaña y hielo.

ELABORACION: Vierta el zumo de naranja en vaso alto sobre hielo. Complete con champaña y revuelva con cuidado.

CUP MARACUYA

Ingredientes: 2 botellas de vino blanco seco, 1 y 1/2 botella de licor de maracuya, 1/4 de piña natural y 1 botella de champaña.

ELABORACION: Todos los ingredientes deberán estar muy fríos sobre todo el maracuya y la champaña. Mezclar el licor con el vino, remover bien y dejar reposar 15 minutos. Verter en la ponchera sobre la fruta y añadir la champaña.

CUP DE BISMARCK

Ingredientes: 2 botellas de champaña, 1 chorrito de ron blanco, 1/8 de litro de zumo de limón, 1 cucharada de azúcar, 3 gotas de angostura y 1/2 de soda.

ELABORACION: Mezclar el zumo de limón, el ron, el azúcar y la soda. Aderezar con la angostura y dejarlo reposar en un recipiente tapado en el frigorífico. Antes de servir agregue la champaña.

CUP RELAMPAGO

Ingredientes: 2 botellas de vino blanco, 1 botella de champaña y fresas.

ELABORACION: Vaciar en una ponchera una lata de fre-

sas congeladas y añadir dos botellas de vino blanco seco. Inmediatamente antes de servir añadir la champaña.

CUP DE PIÑA

Ingredientes: Piña, champaña y hojas verdes.

ELABORACION: Corte una piña, el cuarto superior, y vaciar el contenido. Poner un cubito de hielo dentro y rellenar con champaña. Tapar con hojas verdes. Antes de beber pula el borde (quite las espinas).

KALTE ENTE

Ingredientes: 3 botellas de vino blanco, 1 botella de champaña, 1 botella de soda y 2 limones.

ELABORACION: Partir el limón en rodajas muy finas, verter encima el vino y dejar macerar durante 10 minutos. Añadir la champaña. Todos los ingredientes estarán muy fríos.

45

COCTELES CON VINO

*E*l origen del vino es algo que aún está por descubrir. Ya en La Biblia se habla de él. Se obtiene por la fermentación del zumo de la uva, el fruto de la vid.

El vino tinto se obtiene fermentando el zumo de las uvas en contacto con los hollejos que le darán al vino color, aroma, etc. Los vinos claretes se elaboran en la misma forma pero mezclando uvas tintas y blancas o solamente tintas, pero separando los hollejos antes de que acabe la fermentación; los rosados se obtienen aprovechando solamente el mosto que se obtiene al principio pues el resto saldrá con demasiado color. Los vinos blancos se obtienen fermentando el mosto sin la presencia de los hollejos. Si durante la fermentación se añade alcohol etílico, se obtiene un vino llamado generoso, por su riqueza alcohólica.

Si el alcohol se añadió antes de que concluyese la fermentación, el vino obtenido será dulce. Si se añadió cuando la fermentación había terminado, el vino será seco.

Los vinos espumosos se obtienen mezclando el vino normal con levaduras y sacarosa, lo que dará lugar a una segunda fermentación productora de gas carbónico.

El brandy es obtenido a partir del vino, destilando éste y añejándolo en barricas de madera; se llamará coñac si está hecha en la región francesa del mismo nombre. He aquí algunos cocteles de vino:

ROJIBLANCO

(2 personas)

Ingredientes: *200 c.c. de blanco muy frío, 50 c.c. de licor de fresa, 4 cubitos de hielo, soda y 2 fresas.*

ELABORACION: Ponga el vino y el licor de fresa en vasos altos, revuelva y añada la soda. Adorne con la fresa.

FIESTA

(2 personas)

Ingredientes: *2 vasos de vino ·blanco, 1 cucharadita de coñac, 2 cucharadas de jerez, 1 cucharadita de azúcar molida y 2 gotas de marrasquino.*

ELABORACION: Coloque en vaso mezclador todos los ingredientes, revuelva cuidadosamente, cuele y sirva, en copas de champaña previamente congeladas.

COLINA VERDE

(2 personas)

Ingredientes: *2 copitas de licor de menta y vino blanco seco.*

ELABORACION: Vierta el licor de menta en una copa de champaña y complete con vino blanco bien helado.

SUEÑO

(2 personas)

Ingredientes: *2 copas de Oporto y 1 copa de coñac.*

ELABORACION: Coloque los ingredientes en una copa de coctel bien fría, revuelva y sirva.

RECUERDO

(2 personas)

Ingredientes: *1 copita de licor de naranja, 1 copita de coñac, 2 copitas de vermouth seco y 4 cubitos de hielo.*

ELABORACION: Ponga los ingredientes en una coctelera, agite vigorosamente, cuele y sirva, en copa de coctel.

ZURRACAPOTE

(2 perspnas)

Ingredientes: *vino tinto, canela y azúcar.*

ELABORACION: Vierta en dos vasos altos el vino hasta la mitad del vaso. Añada la canela y el azúcar. Revuelva hasta disolver y sirva. Se puede añadir algún licor dulce.

KALIMOTXO

(2 personas)

Ingredientes: *Vino tinto y refresco de cola.*

ELABORACION: Vierta en vasos altos el vino y la cola a partes iguales y sirva bien frío.

SOL Y SOMBRA

(2 personas)

Ingredientes: *1 copa de coñac y 1 copa de anís.*

ELABORACION: Vierta en copa grande el coñac y después el anís. Sirva sin revolver.

BULUMBA

(2 personas)

Ingredientes: *2 copas de coñac y batido de chocolate.*

ELABORACION: Vierta el coñac en vaso alto y complete con el batido. Sirva con 2 hielos.

SANGRIA

(5 personas)

Ingredientes: *1 litro de vino tinto, 3 copas de cointreau, 3 copas de coñac, azúcar al gusto, 3 naranjas y 3 manzanas.*

ELABORACION: En una jarra vierta el vino, añada los licores y el azúcar y revuelva bien. Troce la fruta y póngala en la jarra. Sirva bien frío en copas de vino.

BRANDY BISHOP

Ingredientes: 1 litro de Oporto, 240 c.c. de coñac, 1 naranja, 20 clavos de olor y 50 c.c. de azúcar.

ELABORACION: Introduzca los clavos en la naranja y horneela durante 30 minutos a 177°C. Sáquela del horno y pártala en cuatro. Colóquela en una cacerola con el Oporto y el azúcar. Caliente durante 20 minutos sin que llegue a hervir. Vierta 40 c.c. de coñac en 6 copas precalentadas y añada el vino caliente.

VINO NEGUS
(2 personas)

Ingredientes: 75 c.c. de Oporto, 1 cucharadita de azúcar molida, agua hirviente y nuez moscada.

ELABORACION: Eche el azúcar en un caldero pequeño y añada agua suficiente para disolver el azúcar. Agregue el Oporto, una cáscara de limón, y caliente. Vierta en vaso de ponche y llene con agua hirviente. Espolvoree con la nuez y sirva.

ENGLISH
(2 personas)

Ingredientes: 50 c.c. de jerez, 25 c.c. de crema y nuez moscada.

ELABORACION: Mezcle muy bien en coctelera helada y sirva en copas de coctel. Espolvoree con la nuez.

CRUZ AZUL
(2 personas)

Ingredientes: 75 c.c. de coñac, 25 c.c. de las Islas Vírgenes, el zumo de una lima, 25 c.c. de curaçao, 1 cucharada de azúcar y agua carbónica.

ELABORACION: Agite en coctelera, menos el agua, todos los ingredientes. Sirva en copa fría de vino. Añada el agua.

COPA DE MOSELA

(2 personas)

Ingredientes: 1 botella de vino de Mosela, espumoso y muy frío, 600 c.c. de benedictine, 12 cerezas y 3 melocotones.

ELABORACION: Ponga hielo en una jarra y agregue los melocotones, pelados y picados. Añada el benedictine y cuando esté listo para servir agregue el Mosela espumoso. Servir en vasos de vino.

KIR REAL

(2 personas)

Ingredientes: 40 c.c. de crema de cassis y 40 c.c. de vino blanco.

ELABORACION: En una coctelera agite con energía y sirva en copa de coctel bien fría.

FULL IN BED

(2 personas)

Ingredientes: 80 c.c. de Oporto y 1 taza de zumo de manzana.

ELABORACION: Mezcle muy bien en coctelera y sirva muy frío en vasos de coctel.

JOYA

(2 personas)

Ingredientes: 75 c.c. de coñac, 25 c.c. de licor de plátano, 4 cucharaditas de limón y 2 cucharaditas de zumo de naranja.

ELABORACION: Mezcle en una coctelera y cuele a una copa de coctel previamente congelada y escarchando el borde con azúcar.

SANTA FE

(2 personas)

Ingredientes: 75 c.c. de coñac, 25 c.c. de zumo de toronja, 25 c.c. de vermouth seco y 2 cucharaditas de zumo de limón.

ELABORACION: Mezcle bien en coctelera, cuele y sirva en copa de coctel congelada, y escarchada con azúcar el borde.

51

FOX HOUND

(2 personas)

Ingredientes: 75 c.c. de coñac, 25 c.c. de zumo de arándano, 1 cucharadita de kummel y 1 cucharadita de zumo de limón.

ELABORACION: Mezcle los ingredientes en la coctelera y cuele en un vaso de whisky previamente congelado. Adorne con rodajita de limón.

ROLLS ROYCE

(2 personas)

Ingredientes: 25 c.c. de coñac, 25 c.c. de cointreau y 25 c.c. de zumo de naranja.

ELABORACION: Agite muy bien con hielo picado, en la coctelera. Servir en copa congelada de coctel.

CUPIDO

(2 personas)

Ingredientes: 150 c.c. de jerez, 1 huevo, 1 cucharadita de azúcar en polvo y 1 pizca de pimienta.

ELABORACION: Agitar muy bien en la coctelera y servir en vaso helado de coctel después de colar.

MC BRANDY

(2 personas)

Ingredientes: 75 c.c. de coñac, 50 c.c. de zumo de manzana y 1 cucharadita de zumo de limón.

ELABORACION: En una coctelera con hielo agite bien los ingredientes. Cuele y sirva en copa de coctel previamente congelada. Adorne con corteza de limón.

CUELLO DE CABALLO

(2 personas)

Ingredientes: 100 c.c. de coñac, 6 gotas de angostura y cáscara de limón.

ELABORACION: En un vaso alto con hielo ponga el coñac y la angostura. Complete con ginger ale. Adorne con la rodaja de limón.

BRANDY Y OPORTO

(2 personas)

Ingredientes: 75 c.c. de brandy, 50 c.c. de Oporto, 1 huevo pequeño, 1 cucharadita de azúcar y nuez moscada.

ELABORACION: Mezcle todos los ingredientes, menos la nuez, en la batidora. Sirva en copa de champaña bien fría y espolvoree con la nuez.

ALBARICOQUE ESPUMOSO

(2 personas)

Ingredientes: 1 botella de vino de aguja y jarabe de albaricoque.

ELABORACION: Vierta 3/4 partes de vino en una copa alta previamente congelada. Añada el jarabe y revuelva con una cucharilla larga. Decore con cerezas.

53

COUNT CURREY

(2 personas)

Ingredientes: 100 c.c. de vino de aguja, 25 c.c. de ginebra y 2 cucharaditas de miel.

ELABORACION: Coloque en una coctelera y agite con energía sirva en vaso de coctel muy frío. Adorne con una ramita de menta.

AUNT BETSY FAVORITE

Ingredientes: 1 botella de vino tinto seco, 2 tazas de Oporto, 1 taza de coñac, 8 terrones de azúcar, 6 clavos de olor, cáscara de 2 naranjas y 1 ramita de canela.

ELABORACION: Mezcle todos los ingredientes en una cacerola y caliéntelo a fuego lento pero sin permitir que la mezcla llegue a hervir. Sirva en vasos de ponche.

TORERO

(2 personas)

Ingredientes: 40 c.c. de coñac, 40 c.c. de ginebra, 40 c.c. de crema de cacao, 4 cubitos de hielo y 2 cerezas.

ELABORACION: Ponga los ingredientes en una coctelera y agite vigorosamente. Sirva en copa alta y decore con una cereza.

COCTELES DE CERVEZA

*L*a *cerveza se conoce hace siglos, 1 tablilla escrita en Babilonia unos 6000 años a.C. testimonia los preparativos que se hacían con la cerveza.*

La cerveza es una bebida que se obtiene fermentando cereales como la malta. Su graduación alcohólica es muy baja y generalmente se toma sola.

Veamos algunos cocteles de esta bebida:

RUBIA DE VERANO

(2 personas)

Ingredientes: Cerveza y Gaseosa.

ELABORACION: En jarra de cerveza vierta ésta hasta 1/3 del recipiente y complete con gaseosa. Sírvase muy fría.

TARDE DE ESTIO

(2 personas)

Ingredientes: Cerveza y refresco de limón.

ELABORACION: En vasos altos vierta cerveza bien fría hasta sus dos terceras partes y complete con el refresco igualmente frío. Sirva de inmediato.

RUBIA REFRESCANTE

(2 personas)

Ingredientes: Cerveza y refresco de lima.

ELABORACION: En vasos altos vierta la cerveza bien helada hasta las dos terceras partes de éstos y complete con el refresco. Sírvase bien frío.

ESMERALDA Y RUBI

(2 personas)

Ingredientes: 80 c.c. de pee-per-mint y cerveza.

ELABORACION: En vasos altos bien fríos vierta la menta y complete con la cerveza. Servir frío.

COCTELES DE CAFE

IRLANDES
(2 personas)

Ingredientes: 60 c.c. de whisky, café caliente, 1 cucharadita de azúcar y nata.

ELABORACION: En una copa resistente al calor y previamente calentada vierta el whisky y prendale fuego. Mientras arde añada la azúcar y el café. Una vez apagado el fuego agregue la nata montada y sirva con cucharilla larga.

CAFE COSACO
(2 personas)

Ingredientes: 4 cucharaditas de café, 1/4 de litro de agua, 1/4 de litro de vino tinto, 80 c.c. de vodka y 4 cucharaditas de azúcar.

ELABORACION: Poner a calentar, sin que llegue a hervir, el agua, el vino, el azúcar, y la vodka. Vierta el café en esta solución y revuelva. Servir en copa o taza resistente al calor.

ESCOCES
(2 personas)

Ingredientes: 2 tazas de café, 40 c.c. de whisky y 4 bolitas de helado de vainilla.

ELABORACION: Coloque en dos vasos altos el helado de vainilla. Añada el café y después el whisky, sirva sin revolver y con cucharilla larga.

Los mejores cocteles

CAFE CON BRANDY
(2 personas)

Ingredientes: *2 tazas de café negro, 80 c.c. de brandy y canela en polvo.*

ELABORACION: Ponga el brandy y el café en una taza. Añada la canela y revuelva bien la mezcla.

NEGRITA
(2 personas)

Ingredientes: *100 c.c. de licor de café, 100 c.c. de ron, 200 c.c. de café negro fuerte y 4 cucharaditas de azúcar.*

ELABORACION: En un vaso mezclador revuelva todos los ingredientes y sirva en copa de galón añadiendo hielo picado.

CAFE ROMANO
(2 personas)

Ingredientes: *50 c.c. de amaretto y 2 tazas grandes de café negro.*

ELABORACION: Agregue el amaretto a las tazas de café caliente y sírvase.

CAFE HOLANDES
(2 personas)

Ingredientes: *30 gramos de café, 1/2 litro de agua, 1/4 de litro de licor de huevo, 2 cucharadas de nata, 1/2 cucharada de café instantáneo y 1/2 cucharadita de cacao.*

ELABORACION: Preparar el café normalmente. Distribuir el licor en tazas, previamente calentadas y agregar el café caliente. Añadir la nata y espolvorear con el cacao y el café.

FARISEO

Ingredientes: *Café, ron, nata y azúcar.*

ELABORACION: Echar en tazas un buen chorro de ron. Añadir una cucharada de azúcar y completar con café. Adornar con la nata.

CAFE COINTREAU

(2 personas)

Ingredientes: 2 cucharadas de café en polvo, 2 tazas de agua hirviente y 1/2 taza de cointreau.

ELABORACION: Mezclar todos los ingredientes. Poner en cada taza una cascarita de limón y verter encima la mezcla.

GLORIA

(2 personas)

Ingredientes: 1/4 de litro de café, 1/8 de litro de coñac y azúcar.

ELABORACION: Verter el café en dos tazas previamente calentadas. Añadir el azúcar, remover y agregar el coñac, también caliente.

CAFE BANANA

(2 personas)

Ingredientes: 2 tazas de café negro, 2 cucharadas de vainilla, 2 cucharadas de ron y nata.

ELABORACION: Echar el café en copas refractarias. Batir azúcar en vainilla con el ron y la nata montada. Añadir lentamente licor de plátano y añadir al café. Servir con popote.

D.O.M. CAFE

(2 personas)

Ingredientes: 2 tazas de café, 60 c.c. de benedictine, café caliente y nata.

ELABORACION: Poner en las tazas de café el benedictine y completar hasta las 2/3 partes con café caliente.

TRADE VIC'S COFFE

(2 personas)

Ingredientes: Café, 2 cucharaditas de mantequilla, cáscara de limón y naranja.

ELABORACION: Mezclar en tazas previamente calentadas. Añadir 3 cucharaditas de nata y completar con café caliente.

Los mejores cocteles

ATHOL BROEE
(2 personas)

Ingredientes: *2 trozos de azú-car candé, 40 c.c. de whisky y 2 cucharadas de miel.*

ELABORACION: Disolver a fuego lento, removiendo constantemente el azúcar, el whisky y la miel. Verter en copa resistente al calor y completar con café muy caliente.

MAZAGRAN
(2 personas)

Ingredientes: *Café frío, coñac y soda.*

ELABORACION: Poner en vasos dos tazas de café frío, hielo y un chorro de coñac.

CAFE AL YOGUR
(2 personas)

Ingredientes: *2 cucharaditas de café instantáneo, 2 vasitos de ron, 2 cucharadas de azúcar y yogur.*

ELABORACION: Mezclar todos los ingredientes muy bien y servir en copas muy frías.

CAFE QUINA
(4 personas)

Ingredientes: *40 gramos de café, 1/2 litro de agua, 1/4 de litro de quina, 8 bolas de helado y 4 cucharadas de chocolate rayado.*

ELABORACION: Hacer el café normal. Dejar enfriar y añadir la quina. Poner en vaso alto con dos bolas de helado y espolvorear con chocolate. Servir con popote.

CARAJILLO
(2 personas)

Ingredientes: *2 tazas de café, 40 c.c. de coñac y azúcar.*

ELABORACION: En un vaso resistente al calor vierta el coñac y caliente al vapor. Préndale fuego y añada el azúcar y el café, revuelva con cucharilla larga y sirva una vez apagado el fuego.

COLONIAL

(2 personas)

Ingredientes: 100 c.c. de ginebra, 2 cucharadas de café muy fuerte y zumo de toronja.

ELABORACION: Coloque todos los ingredientes en una coctelera con mucho hielo y agite enérgicamente sirviéndolo después en copas altas con hielo picado.

CAFE PARISIEN

(2 personas)

Ingredientes: 50 c.c. de coñac, 25 c.c. de cointreau y café bien fuerte, frío.

ELABORACION: Coloque en una coctelera todos los ingredientes, agite enérgicamente y sirva en copas heladas.

CAFE GRIEGO

(2 personas)

Ingredientes: 2 vasitos de ron y café.

ELABORACION: Llenar 2 vasos altos hasta la mitad con hielo picado y verter el café negro frío. Añadir el ron y remover durante 1 minuto. Servir, colando, en copa de coctel.

LECHE AL TE

Ingredientes: 6 cucharaditas de té, 1 litro de leche, nata y ron.

ELABORACION: Preparar una infusión con el té y la leche. Dejar reposar 5 minutos, colar, endulzar y esperar a que enfríe. Añadir 1/4 de nata líquida y el ron. Servir con hielo.

SEVERIN MILK

Ingredientes: Leche, ginebra y glucosa.

ELABORACION: Mezclar una copa de ginebra con una cucharadita de glucosa, añadir dos veces la misma cantidad de leche caliente y servir.

RUM COW

(2 personas)

Ingredientes: 1/4 de litro de leche, 2 cucharadas de ron y 2 cucharaditas de miel.

ELABORACION: Caliente la leche. Retirar cuando rompa a hervir. Diluir la miel y añadir el ron. Beber muy caliente.

ORANGE FLIP

(2 personas)

Ingredientes: 20 c.c. de cointreau, 20 c.c. de zumo de naranja, 20 c.c. de nata líquida y 1 yema de huevo.

ELABORACION: Coloque en una coctelera con hielo todos los ingredientes y agite bien. Servir en copa de coctel con popote.

COCTELES DE TEQUILA

*E*l tequila es conocido desde la prehistoria. Los indígenas tomaban el jugo llamado pulque, con fines medicinales religiosos.

La tribu de los tequila conoció el maguey y su zumo, después los españoles perfeccionaron el proceso de destilación y tras muchas pruebas encontraron el maguey llamado agave azul a cuyo jugo destilado llamaron mezcal.

En 1745, José María Guadalupe Cuervo obtuvo una concesión real para la elaboración del licor.

Como en el caso francés del coñac, el tequila sólo es tal cuando está elaborado en la región del mismo nombre, en el estado de Jalisco.

Veamos a continuación algunos cocteles de este licor:

TEQUIMOUTH

(2 personas)

Ingredientes: 50 c.c. de tequila, 50 c.c. de vermouth, 8 gotas de limón y hielo picado.

ELABORACION: Mezcle todos los ingredientes, agitando vigorosamente en la coctelera. Sirva en copa alta, adorne si quiere con una aceituna.

TEQUICOCO

(2 personas)

Ingredientes: 80 c.c. de tequila, 25 c.c. de crema de coco, 25 c.c. de zumo de limón, 1 cucharadita de triple seco y hielo picado.

ELABORACION: Coloque todos los ingredientes en la batidora y mézclelos bien. Sirva en copa de champaña de boca ancha.

Los mejores cocteles

CANCUN

(2 personas)

Ingredientes: *50 c.c. de tequila, 2 copas de champaña y hojas de hierbabuena.*

ELABORACION: En una copa de champaña coloque este y añada el tequila. Sirva decorando con la hierbabuena.

TEQUILA SOUR

(2 personas)

Ingredientes: *100 c.c. de tequila, 25 c.c. de zumo de limón, 2 cucharaditas de jarabe natural y hielo picado.*

ELABORACION: Coloque los ingredientes en la coctelera y agite con energía. Cuele en copas de coctel y sirva adornando con una rodaja de naranja.

UXMAL

(2 personas)

Ingredientes: *100 c.c. de tequila añejo, 50 c.c. de vermouth rojo y hielo picado.*

ELABORACION: En una coctelera agite vigorosamente y sirva en vaso corto. Adorne con una rodajita de limón.

MARGARITA

(2 personas)

Ingredientes: *50 c.c. de tequila, 25 c.c. de cointreau, 2 cucharadas de zumo de limón y hielo picado.*

ELABORACION: En una coctelera bata con energía los ingredientes. Cuele y sirva en copa de champaña con el borde escarchado.

LOLA

(2 personas)

Ingredientes: *80 c.c. de tequila, 50 c.c. de jerez, 2 yemas de huevo y hielo picado.*

ELABORACION: Mezcle muy bien todos los ingredientes en la batidora. Sirva en copas de coctel.

VALLARTA

(2 personas)

Ingredientes: 2 copas de tequila, 1/2 copa de zumo de
limón, 1/2 copa de granadina
y zumo de naranja.

ELABORACION: Coloque
en una coctelera todos los ingredientes y agite con energía. Sirva en vaso alto con
hielos y adorne con una rodaja de limón.

SUBMARINO

(2 personas)

Ingredientes: 2 copas de tequila y cerveza.

ELABORACION: Tome las
copas de tequila y llénelas, después tome un vaso ancho por
la parte inferior y apoye la
copa de tequila en el fondo del
mismo, coloque el vaso en po-
sición normal de manera que
la copa quede en el fondo con
el tequila en su interior. Llene
con cerveza, al ir a tomar, al
inclinar el vaso el tequila se
irá liberando y mezclándose
con la cerveza.

LATIN LOVER

(2 personas)

Ingredientes: 50 c.c. de tequila, 50 c.c. de campary, 50
c.c. de vermouth y hielo.

ELABORACION: Coloque
todo en la coctelera y agite
con energía. Cuele y sirva en
copas de coctel.

GUAYABAZO

(2 personas)

Ingredientes: 75 c.c. de tequila, 25 c.c. de jarabe de guayaba, 25 c.c. de zumo de naranja
y 25 c.c. de zumo de limón.

ELABORACION: Mezcle
todo en la coctelera con hielo.
Agite con energía y sirva, colando en vasos de whisky
helados. Adorne con una rodajita de limón.

OLE

(2 personas)

Ingredientes: *75 c.c. de tequila, el zumo de un limón,
una gota de salsa inglesa, una
gota de salsa picante y zumo
de tomate.*

ELABORACION: Mezcle
los cuatro primeros ingredientes en vaso alto. Añada el zumo
de tomate muy frío.

ZAPOPAN

(2 personas)

Ingredientes: *50 c.c. de tequila, 50 c.c. de vermouth rojo, un chorrito de granadina
y hielo.*

ELABORACION: Coloque
todo en vaso mezclador y agite bien. Pase por el tamiz y
sirva en copa alta.

VAMPIRO

(2 personas)

Ingredientes: 2 copas de tequila, sangrita y hielo.

ELABORACION: Ponga el tequila en vasos medianos con el borde escarchado con sal. Llene con sangrita y agite bien antes de servir.

GUAYAQUILA

(2 personas)

Ingredientes: 80 c.c. de tequila, 80 c.c. de jarabe de guayaba, 25 c.c. de zumo de naranja y 25 c.c. de zumo de limón.

ELABORACION: Mezcle los ingredientes en la coctelera y agite con energía. Sirva en vasos de whisky bien helados. Adorne con una cáscara de limón.

CHILANGO

(2 personas)

Ingredientes: 80 c.c. de tequila, 25 c.c. de zumo de limón, 25 c.c. de licor de melocotón y hielo picado.

ELABORACION: Coloque los ingredientes en la batidora y mezclelos bien. Sirva en copa de boca ancha y adorne con una rebanada de melocotón.

MALINCHE

(2 personas)

Ingredientes: 80 c.c. de tequila, 50 c.c. de jerez, 2 yemas de huevo y hielo picado.

ELABORACION: Agite bien todos los ingredientes en la coctelera y sirva en copa de coctel.

CHARRO

(2 personas)

Ingredientes: 80 c.c. de tequila y 50 c.c. de licor de café.

ELABORACION: En copas de coctel coloque dos cubitos de hielo y vierta sobre ellos el tequila, luego añada el licor de café y sirva.

MAMACITA
(2 personas)

Ingredientes: 80 c.c. de tequila, 50 c.c. de licor de manzana, 25 c.c. de zumo de limón, 1 cucharadita de curaçao, azúcar glasse y hielo.

ELABORACION: Agite con energía en una coctelera todos los ingredientes y sirva en copa de coctel bien helada. Adorne con una rodaja de limón.

SANGRIA COSTEÑA
(2 personas)

Ingredientes: 2 botellas de vino blanco bien frío, 1/2 taza de brandy, 1/2 taza de azúcar y 1 taza de hojas de menta.

ELABORACION: En un recipiente coloque la menta, el azúcar y seis cucharadas de agua y con cuchara de madera aplaste las hojas contra el recipiente para extraerles el sabor. Añada el vino y el brandy. Refrigere por 2 horas y cuele. Sirva en vasos altos.

CARMELA
(2 personas)

Ingredientes: 100 c.c. de tequila, 2 cucharaditas de miel y 4 cucharaditas de zumo de limón.

ELABORACION: Agite todos los ingredientes en la coctelera y sirva, colando, en copa de coctel previamente congelada.

ESPERANZA
(2 personas)

Ingredientes: 100 c.c. de tequila, 50 c.c. de licor de menta y hielo picado.

ELABORACION: En copa de coctel coloque el hielo y vierta el tequila lentamente, añada la menta y sirva adornado con una ramita de menta.

PARRANDERO

Ingredientes: *1 kilo de capulines deshuesados, 2 litros de tequila, 1 litro de agua, 2 tazas de azúcar, 1 ramita de canela, 1 y 1/2 tazas de nuez de castilla picada.*

ELABORACION: Ponga a remojar los capulines en el tequila durante toda la noche. Al día siguiente pase por la batidora. Haga un almíbar ligero con el agua, el azúcar y la canela. Añada el licuado de capulines y tequila. Espolvoree con las nueces. Sirva caliente.

COCTELES DE LECHE

LECHE A LA PARISIEN

(2 personas)

Ingredientes: *1/4 de litro de leche y 2 vasos de Pernod.*

ELABORACION: Colocar en la coctelera los ingredientes, junto con unos cubitos de hielo y agitar con energía. Servir en vasos altos.

VACA VERDE

(2 personas)

Ingredientes: *80 c.c. de peepper-mint y leche.*

ELABORACION: En vasos altos bien fríos poner el peepper-mint y completar con leche. Servir bien frío y sin remover.

MEXICO ESPECIAL

(2 personas)

Ingredientes: *1/4 de litro de leche, 1 cucharadita de café soluble, 30 c.c. de jarabe de chocolate, 40 c.c. de tequila, café y chocolate.*

ELABORACION: Disolver en la leche el café y el jarabe de chocolate. Verter la mezcla en vasos altos con cubitos de hielo y añadir el tequila junto con la mezcla de café y chocolate. Remover y servir.

LECHE AL COÑAC

(2 personas)

Ingredientes: *90 c.c. de coñac, 1 cucharadita de jarabe dulce, 10 c.c. de cointreau, 30 c.c. de nata fresca, 1/4 de litro de leche y 4 cubitos de hielo.*

ELABORACION: Mezcle todos los ingredientes en batidora hasta que el hielo esté bien triturado. Servir en vaso de whisky con un poco de nuez moscada.

BEL AMI

(2 personas)

Ingredientes: 20 c.c. de Aprycot, 20 c.c. de coñac, 40 c.c. de nata líquida y helado de vainilla.

ELABORACION: Colocar en coctelera todo menos el helado y agitar con energía. Servir en vaso alto con una bola de helado. Acompañar con una cucharilla.

ALEXANDER SISTER

Ingredientes: 20 c.c. de ginebra, 20 c.c. de crema de menta blanca y 20 c.c. de nata.

ELABORACION: En coctelera agite con energía todos los ingredientes con hielo. Sirva en copa de coctel.

BILL'S MILK

Ingredientes: 20 c.c. de ron, 30 c.c. de coñac, 1 huevo y 1 cucharadita de jarabe de menta.

ELABORACION: Poner en una coctelera los ingredientes con un poco de leche y cubitos de hielo. Agitar con energía y servir en vaso. Adornar con cáscara de limón.

COWBOY

Ingredientes: 40 c.c. de whisky y 20 c.c. de nata.

ELABORACION: Agite fuertemente en coctelera con hielo picado. Sirva en vaso de whisky.

COCTELES SIN ALCOHOL

NICOLASKA

(2 personas)

Ingredientes: *40 c.c. de leche condensada y refresco de cola.*

ELABORACION: En vaso alto coloque la leche y complete con el refresco, revuelva bien y sírvase muy frío.

COCTEL DE HUEVO

(2 personas)

Ingredientes: *4 huevos, 4 tazas de leche, 4 cucharaditas de azúcar y 1 cucharadita de vainilla.*

ELABORACION: Separe las yemas de las claras y bátalas junto con el azúcar. Añada la leche, la vainilla y las claras no muy batidas. Servir en copa de coctel.

LIMA LIMON

(2 personas)

Ingredientes: *40 c.c. de refresco de lima y refresco de limón.*

ELABORACION: Ponga en vasos altos, con 2 hielos, el licor de lima y complete con el de limón. Sirva muy frío.

SHIRLEY TEMPLE

(2 personas)

Ingredientes: *2 botellitas de ginger ale, 4 c.c. de granadina.*

ELABORACION: Coloque en copas altas unos cubitos de hielo y vierta el ginger ale. Agregue la granadina y sirva.

GRAPE GINGER ALE

Ingredientes: botellas de ginger ale, 1/2 litro de mosto de uva, el zumo de un limón, 2 naranjas, azúcar y agua.

ELABORACION: Mezclar los cuatro primeros ingredientes. Decorar los vasos con rodajas de naranja muy finas. Servir frío.

TOMZANA

(2 personas)

Ingredientes: Zumo de tomate, zumo de manzana, nuez moscada y jenjibre molido.

ELABORACION: 2/3 de zumo de tomate y 1/3 de manzana bien mezclados y espolvoreados con nuez y jenjibre. Servir muy frío.

MALVA FRIA

Ingredientes: Té de malva, azúcar, jugo de limón, cerezas y 1 vaso de kirsh.

ELABORACION: Preparar un té normalmente y dejar reposar 1/2 hora. Endulzar, añadir el limón y decorar con las cerezas.

FRUIT COCTEL

Ingredientes: Zumo de naranja, trocitos de naranja, mosto de uva y azúcar.

ELABORACION: Mezclar los ingredientes y endulzar al gusto.

COBBLER DE MANZANA

Ingredientes: 1 cucharada de zumo de limón, 1 cucharadita de azúcar de vainilla, zumo de manzana y rodaja de manzana.

ELABORACION: Llenar un vaso alto de hielo en sus 2/3 partes. Verte en él, el zumo de manzana y, aparte mezclar el azúcar de vainilla con el limón. Añadir la mezcla al vaso y revolver. Decorar con una rodaja de manzana.

COBBLER DE FRUTAS

Ingredientes: 1 melocotón, fresas, zumo de cerezas y zumo de manzana.

ELABORACION: Llenar una copa alta hasta la mitad con hielo, alizar la superficie para colocar encima 1/2 melocotón, con la concavidad hacia abajo. Añadir zumo de cereza hasta que el hielo se vuelva rojo. Completar con el zumo de manzana. Adornar con fresas.

TE AL LIMON

Ingredientes: Zumo de tres limones, 1 litro de té de menta, y hierbabuena.

ELABORACION: Diluir el zumo de los limones en 4 cucharadas de agua y hacer cubitos de hielo. Hacer un litro de té de menta y dejar enfriar. Endulzar y servir en vasos altos con cubitos de hielo de limón.

ORANGENOG
(2 personas)

Ingredientes: El zumo de seis naranjas, 1 cucharada de miel y 3 huevos.

ELABORACION: Mezclar todos los ingredientes en la batidora junto con hielo, hasta que se forme una masa espumosa. Servir de inmediato.

MANZANA CON HIERBAS

Ingredientes: *Zumo de manzana, rodaja de pepino, hojitas de toronjil y borraja.*

ELABORACION: Poner en vasos altos el zumo frío y decorar con rodajas de naranja y pepino. Aromatizar con menta y toronjil. Macerar durante 15 minutos.

FLIP DE CACAO

Ingredientes: *Chocolate líquido, yema de huevo y leche.*

ELABORACION: En vasos altos coloque chocolate frío muy dulce. Añada una yema de huevo y leche fría. Revuelva bien y sirva con popote.

COCTEL DE NARANJA

Ingredientes: *Leche, 3 cucharadas de zumo de naranja, 3 cucharadas de zumo de grosella y azúcar.*

ELABORACION: Mezcle muy bien todos los ingredientes y sirva en vasos altos con popote y bien frío.

EL DIA DESPUES

*D*espués de una fiesta a lo grande, el día siguiente suele ser fatal. La resaca, la cruda, nos hace sentirnos francamente mal, nuestra cabeza parece estar atravesada por un clavo, daríamos algo bueno por aliviar nuestro malestar. A continuación sugerimos algunas combinaciones que aliviarán nuestro malestar:

BLOODY MARY
(2 personas)

Ingredientes: 50 c.c. de vodka, 25 c.c. de jugo de sazonar, 25 c.c. de salsa inglesa, 25 c.c. de salsa de tabasco, zumo de tomate, sal y pimienta al gusto.

ELABORACION: En vaso mezclador coloque el hielo y vierta los ingredientes uno a uno. Remueva y sirva en vaso alto con hielo.

SACADIABLOS
(2 personas)

Ingredientes: 80 c.c. de zumo de naranja, 80 c.c. de zumo de piña, 50 c.c. de zumo de fresas, 50 c.c. de granadina, 50 c.c. de ron, 50 c.c. de vodka, zumo de medio limón y hielo.

ELABORACION: Colocar todos los ingredientes en la coctelera y agitar con energía. Colar y servir en vasos altos con popotes.

TE VAS A ACORDAR

(2 personas)

Ingredientes: *2 botellas de cerveza, 2 cucharadas de salsa inglesa, zumo de medio limón, sal, pimienta y salsa Tabasco al gusto, 1 vaso de zumo de vegetales.*

ELABORACION: En vaso mezclador condimente el zumo de vegetales con la sal, pimienta, etc. Añada la cerveza después de remover y sirva de inmediato en vasos altos.

DIA DESPUES

(2 personas)

Ingredientes: *50 c.c. de vodka, 8 cucharaditas de miel, 1 huevo y hielo.*

ELABORACION: En la batidora mezcle bien todos los ingredientes, sirva en copa de coctel, colando antes. Adorne con una rodajita de limón.

77

Botanas variadas

U na vez que hemos visto una serie de cocteles para su disfrute, conozcamos algunas botanas y aperitivos que acompañen sus combinados y hagan su placer más completo, así como el de sus invitados.

BOLITAS DE QUESO

(10 personas)

Ingredientes: *2 tazas de queso manchego rallado, 1 pizca de pimienta, 1 pizca de sal, 1 cucharadita de harina, 2 claras de huevo y aceite.*

ELABORACION: Ponga el queso en un recipiente y añada la pimienta, la sal y la harina. Bata las claras a punto de turrón y añádalas a la mezcla anterior hasta que se haga una masa; haga bolitas con ella y métalas en el congelador, una vez duras cúbralas de harina y fríalas. Sírvalas frías.

PATATAS AL LIMON

(6 personas)

Ingredientes: *2 kilos de patatas pequeñas, 1/2 taza de aceite, 5 dientes de ajo, 1 cucharada de mantequilla, 1/2 taza de zumo de limón, 1 y 1/2 cucharaditas de consomé en polvo, 1/4 de cebolla y perejil picado.*

ELABORACION: Licue los ajos, el jugo de limón, la cebolla y el consomé. En una olla express ponga la mantequilla, el aceite y fría las patatas, peladas en crudo, a que se sancochen. Luego añada lo de la licuadora, tape la olla y cocine durante 15 minutos. Sirva rociadas con perejil.

PATATAS A LA BRAVA

Ingredientes: *Patatas (una por persona), mostaza, salsa Tabasco y salsa de tomate.*

ELABORACION: Cueza las patatas sin pelarlas, después de cocidas quite la piel y trocéelas. Haga una mezcla con las salsas y añada a las patatas. Servir frías.

POLLO AL YOGUR

(10 personas)

Ingredientes: *1 vaso de yogur natural, 1 cucharada de salsa barbacoa y 4 pechugas de pollo cortadas en cubos.*

ELABORACION: Mezcle el yogur con la salsa barbacoa, añada el pollo y remueva suavemente. Deje macerar toda la noche y al día siguiente ensarte los cubitos y cocine sobre el grill, volteando de vez en cuando para que se dore por igual. Recúbralo con una salsa hecha de yogur, salsa picante y salsa de menta.

79

DELICIAS

(6 personas)

Ingredientes: *150 gramos de cacahuates tostados con sal, 250 gramos de queso crema, 2 cucharadas de queso parmesano rallado, 2 cebollitas de cambray, 1 cucharada de aceite, 3 cucharadas de salsa picante, 3 cucharadas de semillas de ajonjolí tostadas, sal y pimienta al gusto.*

ELABORACION: Mezcle los quesos, sal, cebollitas, aceite, salsa picante y ajonjolí. Haga bolas y ruédelas por el cacahuate picado. Refrigere y sirva.

PATATAS COQUETAS

(4 personas)

Ingredientes: *4 patatas grandes, 50 gramos de mantequilla, 1 cucharada de queso parmesano, 100 gramos de jamón picado, 2 huevos duros picados, 2 cucharadas de mayonesa, sal y pimienta al gusto.*

ELABORACION: Cocine las patatas con su cáscara, en agua con sal. Retire del fuego y deje enfriar. Corte a la mitad y quite con cuidado la pulpa con una cucharilla. Haga un puré añadiendo la mantequilla, queso, sal y pimienta. Mezcle el jamón y, el huevo y la mayonesa. Con esta mezcla rellene la cáscara de las patatas. Gratínelas en el horno a 200°C. hasta que empiecen a dorarse. Sirva caliente.

SALCHICHAS LOCAS

(4 personas)

Ingredientes: *8 salchichas, 200 gramos de pasta de hojaldre, 2 cucharadas de semillas de ajonjolí y 1 huevo batido.*

ELABORACION: Estire la masa de hojaldre en tiras de 20 cm. de ancho, envuelva las salchichas y barnícelas con el huevo. Ruédelas sobre el ajonjolí y hornéelas a 190°C. hasta que estén bien doradas.

POLLO HAWAI

(4 personas)

Ingredientes: 4 muslos de pollo, 1 taza de néctar de piña, 2 tazas de corn flakes, sal, pimienta y aceite.

ELABORACION: Coloque en un tazón el néctar y sumerja los muslos de pollo, deje macerar durante cuatro horas, volteando con frecuencia, escúrralas y páselas por los corn flakes. Fríalas hasta que estén bien doradas. Servir calientes.

HUEVOS DUROS A LA FRANCESA

(8 personas)

Ingredientes: 4 huevos cocidos, crema, sal y pimienta, mostaza, perejil y cebolla picados; mantequilla derretida, vinagre y hierbas finas.

ELABORACION: Cortar en dos a largo los huevos, sacar la yema y machacarla con la crema, la sal, la cebolla, la pimienta, el perejil y la mostaza. Rellene las claras con esto y rocíe con la mantequilla el vinagre y las hierbas finas .

HUEVOS AL VINO BLANCO

(4 personas)

Ingredientes: 6 yemas, 2 claras, 1 cucharada de vino blanco seco, 1 vaso de leche, 2 rebanadas de jamón en trocitos y sal.

ELABORACION: Batir las yemas con las claras y agregar el vino y la leche, volver a batir y añadir el jamón. Verter en moldes que resistan el calor y cocer a baño María.

HUEVOS AL GRATIN

(8 personas)

Ingredientes: 4 huevos, mantequilla, miga de pan, perejil, cebollitas picadas, sal y pimienta.

ELABORACION: Derretir la mantequiila en un molde y echar el pan de forma que cubra el fondo. Agregar el perejil, las cebollitas, la sal y la pimienta. Meter al horno hasta que se tueste y poner los huevos sobre todo esto, dejar que se cuajen dentro del horno.

81

CORONA DE PATATAS
(8 personas)

Ingredientes: 1 kilo de patatas bien cocidas, perejil picado, 4 huevos duros picados, 15 gotas de salsa inglesa, 1 frasco pequeño de mayonesa, 1/4 de litro de crema, 4 cucharaditas de grenetina y 1/2 taza de agua.

ELABORACION: En un recipiente ponga los ingredientes, menos la grenetina y el agua. Disuelva la grenetina en el agua y ponga a entibiar. Vierta sobre los demás ingredientes, revuelva y colóquelo en el refrigerador. Sirva frío.

BOLITAS DE NUEZ
(6 personas)

Ingredientes: 1 queso doble crema, 1 frasco de aceitunas rellenas de pimiento y 1 taza de nueces picadas.

ELABORACION: Ablande el queso y forre con él las aceitunas. Revuelque las bolitas en la nuez.

PATATAS AL AJILLO
(8 personas)

Ingredientes: 1 kilo de patatas, 2 dientes de ajo, 3 cucharadas de aceite, ramitas de apio, 1/2 litro de crema ácida y 1 cucharada de cebollina picada.

ELABORACION: Pele las patatas y córtelas en rebanadas con un cortador de galletas fantasía. Colóquelas en un recipiente con agua fría. Caliente el horno a 200°C. Machaque el ajo y mézclelo con el aceite. Escurra las patatas y séquelas. Revuelva las patatas en el aceite y coloque en el horno. Cocine durante 50 minutos. Lave con la crema y espolvoree con la cebollina. Ponga en una bandeja, y coloque las patatas alrededor. Adorne con apio.

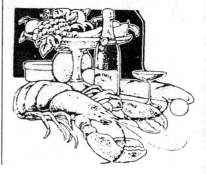

82

HOJALDRITAS

(8 personas)

Ingredientes: 250 gramos de champiñones picados, 2 cebollas grandes picadas, 2 cucharadas de aceite, 100 gramos de paté de cerdo, 500 gramos de pasta de hojaldre y 1 cucharadita de salvia picada.

ELABORACION: Caliente el horno a 190°C. Acitrone la cebolla, añádale los champiñones y la salvia, cocine destapado hasta que el líquido se evapore y deje enfriar. Añádale el paté mezclando bien con un tenedor. Estire la masa de hojaldre y corte en tiras de 7 x 7. Ponga una cucharada de mezcla en cada tira y ciérrela llevando las puntas al centro presionando hacia abajo. Colóquelos en una bandeja y cocine durante 40 minutos.

BOTANAS DE UVA Y QUESO

Ingredientes: 20 uvas negras partidas por la mitad y 20 cubitos de queso.

ELABORACION: Ensarte en un palillo media uva, un trozo de queso y otra media uva. Acomode en un plato y sirva.

PATE DE QUESO

Ingredientes: 200 gramos de queso crema, 50 gramos de queso roquefort, 2 cucharadas de cebollina picada y 1 cucharada de coñac.

ELABORACION: Mezcle la crema con el roquefort, la cebollina y el coñac. Bata muy bien. Forme bolitas y sirva.

BARQUITOS DE HUEVO

(12 personas)

Ingredientes: 5 huevos duros, 25 gramos de atún escurrido, 2 cucharadas de mayonesa, sal, pimienta, salsa picante, 3 rebanadas de pan blanco (sin corteza, cortadas en triángulos y tostadas).

ELABORACION: Quite las yemas de huevo y mezcle con el atún desmenuzado. Añada la mayonesa, sal, pimienta y salsa picante. Rellene las mitades de huevo y coloque los triángulos de pan insertados con un palillo a modo de velas.

BARRITAS DE POLLO

Ingredientes: 50 gramos de carne de pollo picado, 6 tallos de apio, 5 cucharadas de mayonesa, 2 cucharaditas de curri en polvo, 1 cucharada de pasitas.

ELABORACION: Mezcle bien todos los ingredientes. Rellene los tallitos de apio y pártalos a la mitad.

TRUFAS DE CHOCOLATE

(2 personas)

Ingredientes: 100 gramos de queso crema, 250 gramos de azúcar glass, 250 gramos de chocolate derretido y grana multicolor.

ELABORACION: Bata el queso con el azúcar glass. Añada el chocolate derretido, mezcle y deje enfriar. Forme bolitas y revuélquelas en la grana de chocolate. Refrigere durante dos horas.

TRUFAS DE COCO

Ingredientes: 100 gramos de carne molida, 100 gramos de queso Chihuahua rallado, 2 cucharadas de puré de tomate, sal, pimienta al gusto; 50 gramos de coco rallado.

ELABORACION: Caliente el horno a 200°C. Mezcle los ingredientes excepto el coco. Forme bolitas, páselas por el coco y hornéelo durante 20 minutos.

AMARRADITOS

Ingredientes: 300 gramos de espinacas cocidas y picadas; 300 gramos de queso Fontina rallado, 150 gramos de nueces picadas, 18 cuadrados de masa de hojaldre.

ELABORACION: Caliente el horno a 200°C. Mezcle las espinacas con el queso y las nueces y coloque sobre los cuadritos de hojaldre. Cierre juntando las puntas y apretando. Hornee durante 25 minutos.

BOTANA DE MELON
(2 personas)

Ingredientes: 1 melón de un kilo, 4 ramitas de menta, 3 cucharadas de agua mineral y 100 gramos de jamón serrano.

ELABORACION: Corte el melón a la mitad y saque la pulpa en bolitas con una cuchara especial. Pique fino las hojas de menta y mezcle con el agua durante tres minutos, luego moje las bolitas de melón. Corte el jamón a tiras y coloque en platos el melón, el jamón y adorne con hojas de menta.

DATILES DE ALMENDRA

Ingredientes: 100 gramos de queso crema, 1 cucharadita de ralladura de naranja, 16 dátiles deshuesados y 16 mitades de almendra tostada.

ELABORACION: Mezcle el queso con la ralladura, rellene los dátiles y adórnelos con media almendra cada uno.

ALBONDIGUITAS DE RES

Ingredientes: 250 gramos de carne de res molida, 1 cucharada de salsa catsup, 1 cucharada de perejil picado, 1 cucharadita de aceite, sal y pimienta al gusto.

ELABORACION: Mezcle bien todos los ingredientes y forme las bolitas, fríalas en aceite bien caliente, procurando que se doren por todos los lados pero sin que se sequen demasiado. Escúrralas sobre papel absorbente.

TOMATES RELLENOS

Ingredientes: 5 jitomates partidos a la mitad, 50 gramos de queso crema, 1 aguacate pelado y deshuesado; jugo de limón.

ELABORACION: Coloque el aguacate y el queso en la batidora y mézquelos bien, añádale jugo de limón al gusto y sazone con sal y pimienta. Recubra las mitades de jitomate.

BOCADITOS PATRICIA

Ingredientes: 1 paquete de pan de molde pequeño, 250 gramos de camarones cocidos, 150 gramos de queso crema, 2 cucharadas de mayonesa, 2 cucharadas de catsup y 2 cucharaditas de salsa picante.

ELABORACION: Corte las rebanadas de pan en cuadritos y en redondeles. Licue los camarones con el queso, la mayonesa, la catsup y la salsa picante hasta obtener una salsa espesa. Unte cada rebanada de pan con esta mezcla, póngales encima una rodajita de aceituna rellena o una de rabanito. Colóquelos en una fuente y adorne con ramitas de perejil.

BOCADITOS DE HUEVO Y VEGETALES

Ingredientes: 1 paquete de pan de molde pequeño, 4 tallos de apio picados, 1 zanahoria picada, 3 huevos duros picados y 2 tazas de mayonesa.

ELABORACION: Hierva la zanahoria y el apio hasta que estén suaves, escúrralos y mezcle con los huevos y la mayonesa. Revuelva bien y unte las rebanaditas de pan cortadas a cuadritos y triángulos.

BOCADITOS DE MANDARINA

Ingredientes: 12 galletas de mantequilla, 150 gramos de chantilly, 2 cucharaditas de licor de naranja y 1 lata de gajos de mandarina.

ELABORACION: Bata la crema con el licor de naranja y cubra con la mezcla las galletas. Decore con un gajito de mandarina.

ARROLLADITOS DE JAMON

Ingredientes: 250 gramos de queso crema, 1 cebolla picada, salsa picante, 1/2 kilo de jamón en rebanadas no muy finas, mantequilla ablandada, perejil picado y 1 paquete de pan de molde.

ELABORACION: Mezcle el queso crema, la cebolla y unas gotas de salsa picante. Unte las rebanadas de jamón con esta mezcla, enróllelas y refrigere. Unte las rebanadas de pan con la mantequilla, espolvoree con el perejil y corte las rebanadas en cuadritos. Con un cuchillo afilado corte los enrrolladitos de jamón y coloque una rebanada en cada cuadrito de pan. Asegure con un palito.

PATE DE LECHUGA

Ingredientes: *1 lechuga, 4 naranjas, 1 cucharadita de ralladura de naranja, 250 gramos de paté y 1 cucharada de licor.*

ELABORACION: Lave las hojas más tiernas de la lechuga. Pele las naranjas y sepárela en gajos. Coloque el paté en un recipiente y desmenúcelo con un tenedor, agréguele 1/2 cucharadita de ralladura y el licor de naranja. Coloque una cucharada de paté en cada hoja de lechuga y ponga en una fuente junto con los gajos de naranja. Salpique con el resto de la ralladura.

CANAPES DE SARDINA

Ingredientes: *8 rebanadas de pan negro, 2 jitomates rebanados finamente, 8 sardinas de lata escurridas y 1/2 cebolla cortada en aros.*

ELABORACION: Unte muy ligeramente de mantequilla las rebanadas de pan y colóqueles una rebanada de jitomate y una sardina; adorne con los aros de cebolla.

FIAMBRE DIEGUITO

Ingredientes: 1/2 melón, 1/4 de sandía, 100 gramos de jamón cocido, 100 gramos de jamón natural y 1 lechuga.

ELABORACION: Cortar el melón y la sandía en daditos, lavar bien la lechuga y cortar fino. En una fuente para servir colocar la lechuga cubriendo el fondo de la misma. Colocar arriba y en el centro los daditos de sandía, luego rodear con los daditos de melón y en el borde poner el jamón enrollado, alternando uno de jamón cocido con uno de jamón natural.

HUEVOS A LA JARDINERA

Ingredientes: 6 huevos duros, 1 latita de paté de lengua, 1 lata de jardinera de verduras, 1 taza de mayonesa y 3 cucharadas de salsa catsup.

ELABORACION: Cortar los huevos por la mitad, sacar la yema y mezclar ésta con la latita de paté. Luego rellenar los huevos de nuevo. Mezclar la mayonesa con la salsa catsup y con la jardinera. Poner la jardinera en el centro de una fuente y rodear con los huevos rellenos.

BOLOBANES DE JAMON

Ingredientes: 50 gramos de mantequilla, 1 cebolla picada, 1/2 pimiento picado, 2 rodajas de piña picada, 200 gramos de jamón cortado en cubitos, 4 cucharadas de mayonesa y 8 bolobanes grandes.

ELABORACION: Acitrone la cebolla y el pimiento en la mantequilla caliente; añádale el resto de los ingredientes, mezcle y rellene los bolobanes.

FIAMBRE ROSADO

Ingredientes: *1 latita de jamón del diablo, 1 lechuga, 1 taza de mayonesa y 3 cucharadas de catsup.*

ELABORACION: Poner a enfriar la latita de jamón. Mientras tanto sacar las hojas grandes de lechuga, lavarlas y escurrirlas bien. Acomodarlas en una fuente para servir, retirar la latita del congelador y sacar el contenido con cuidado de no romperlo, cortarlo en rodajas y colocar una rodaja de jamón del diablo sobre una hoja de lechuga, cubriendo después con la salsa mayonesa mezclada con la salsa catsup.

TOMATES SORPRESA

Ingredientes: *4 tomates medianos, 4 huevos duros, aceitunas picadas, mayonesa y perejil picado.*

ELABORACION: Cortar los tomates por la mitad y sacarles la pulpa tratando de no romperlos. Cortar los huevos por la mitad y colocarlos dentro de cada mitad de tomate, agregar las aceitunas picadas y cubrir con la mayonesa mezclada con el perejil picado.

90

ARROLLADITOS DE ESPARRAGOS

Ingredientes: 2 tazas de puntas de espárragos cocidas, 1 taza de salsa blanca espesa, 100 gramos de queso rallado, sal, pimienta y 1 pionono.

ELABORACION: Picar finamente las puntas y colocar en un tazón. Agregar la salsa blanca y el queso rallado. Mezclar bien y sazonar con sal y pimienta. Extender el pionono sobre el repasador húmedo, cubrir con la mezcla anterior y enrrollar. Cortar en rebanadas y calentar suavemente al horno antes de servir.

TIGRES

Ingredientes: 2 mejillones cocidos, limón, salsa catsup y salsa picante.

ELABORACION: Separar las valvas del mejillón y distribuir en un plato, rociar con limón y cubrir con una mezcla de catsup y salsa picante.

ANCHOAS AL AJILLO

Ingredientes: 250 gramos de anchoas, 2 dientes de ajo picados, perejil picado, aceite, vinagre y sal.

ELABORACION: Limpiar bien las anchoas y abrirlas por la mitad. En un recipiente colocar las anchoas por capas y cubrirlas con vinagre y aceite. Añadir el ajo picado y el perejil. Dejar macerar toda la noche y luego servir escurridas sobre rebanaditas de pan.

FIAMBRE MACEDONIA

Ingredientes: 1 lata de macedonia de verdura, 1 tomate cortado a rodajas, 6 rodajas de paleta, mayonesa y 1 lechuga picada.

ELABORACION: Mezclar la macedonia con mayonesa y colocar en el centro de una fuente. Rodear con la lechuga picada y colocar las rodajas de paleta sobre la lechuga, colocando después las rodajas de tomate.

BANDERILLA DE HUEVO Y CAMARON

Ingredientes: 4 huevos cocidos, 4 camarones cocidos y pelados, mayonesa.

ELABORACION: Corte por la mitad los huevos cocidos y coloque sobre una de las mitades el camarón. Pique finamente la otra mitad del huevo y mezcle con la mayonesa. Recubra la mitad del huevo y el camarón con esta mezcla.

PIPARRA

Ingredientes: 6 aceitunas rellenas, 6 guindillas y 6 pepinillos pequeños.

ELABORACION: Ensarte una guindilla, un pepinillo y una aceituna con un palillo y distribuya en una plato.

RABAS

Ingredientes: 6 calamares bien limpios, huevo batido y harina.

ELABORACION: Corte los calamares en rodajas y pase éstas por el huevo y después por la harina. Fríalos en aceite muy caliente hasta que estén doraditos. Servir con medio limón.

INDICE

Tus recetarios

- Adelgace comiendo

- Cocina mexicana

- Los mejores cocteles y botanas

- Postres que lo harán feliz

- Recetario para microondas

- Recetario para esos felices días de fiesta

- Tu recetario selecto

- Tu recetario vegetariano

- Nuevo recetario para bajar de peso rápidamente

Edición 2,000 ejemplares
Noviembre 2000
Impresos de Alba
Ferrocarril de Río Frío # 374
Col. Agrícola oriental..